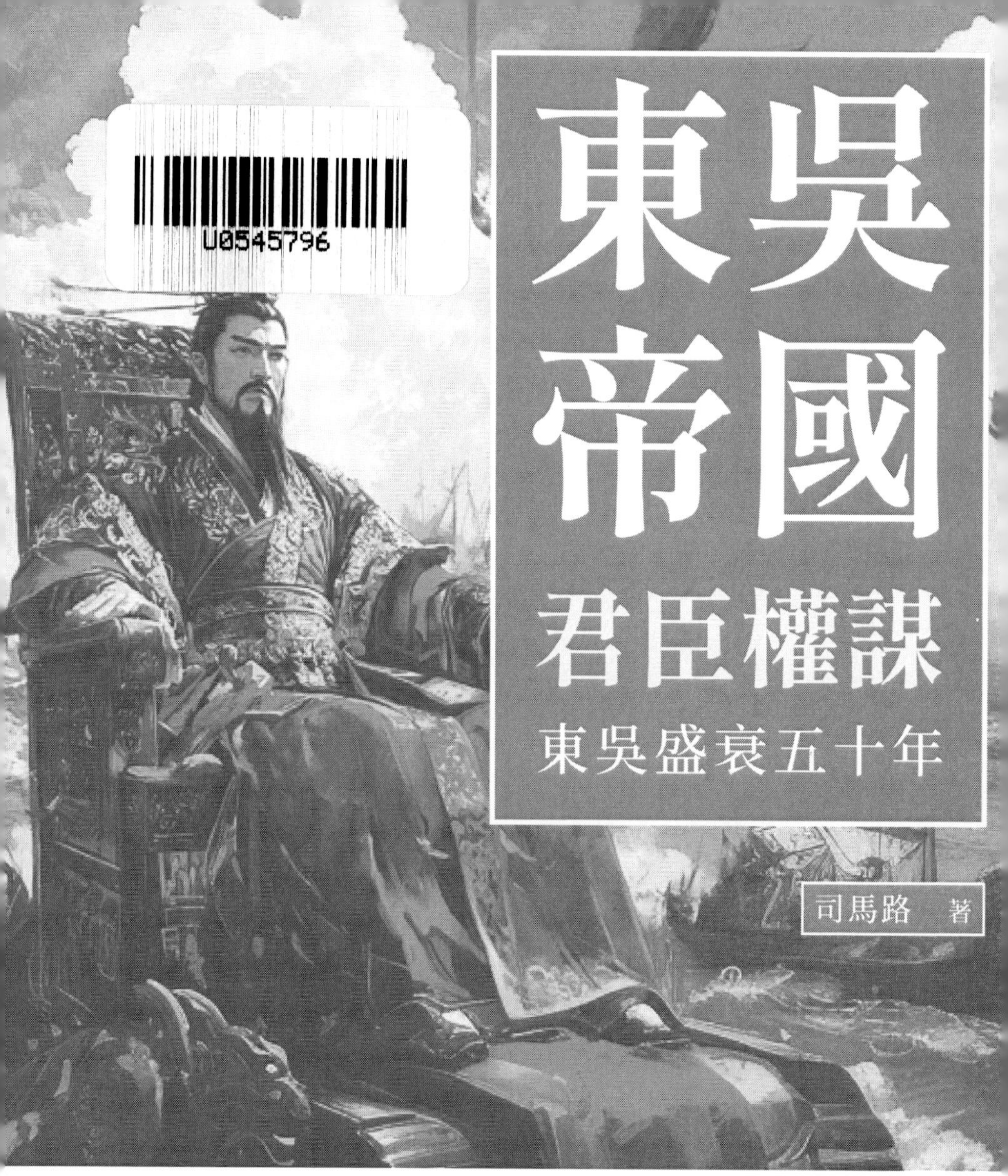

東吳帝國

君臣權謀

東吳盛衰五十年

司馬路　著

「千古江山，英雄無覓，孫仲謀處。」　——辛棄疾

◎以東吳為主體敘述三國正史的小說

「我想寫的是一個風雲的時代，一群在歷史上真實存在的人物，他們有自己鮮明的個性與追求，我試圖透過史料深入他們的內心，而不是斷章取義、隨意調侃與無原則地吹捧。《東吳》書中一干人物，包括孫權、陸遜、張昭在內都並不完美，然而他們的悲、喜、嗔、怒都很真實且極富個性，這正是我心目中的真三國。」

——司馬路

目錄

目錄

第三卷

君臣權謀

竹筏自富春江的上游疾馳而下，筏上三人皆英氣俊朗，那面目又頗有幾分相熟。再近些，孫權看清了他們的面目，不由詫異地大叫：

「兄長……還有公瑾和伯言，你們都來了……」孫權在夢境中囈語，此刻他的榻前，分明是幼子孫亮，可是他卻彷彿看見了大哥孫伯符與周瑜、陸遜等人。

「上來吧，二弟！」孫伯符在筏上親切而溫和地說，公瑾和伯言亦向他微笑招手。

「兄長……」

孫權的喉嚨深處發出低低的嗚咽聲，四十多年沒有人叫他「二弟」了，他踴躍著奔向水中，縱身一躍上竹筏，然而竹筏卻從他的面前輕輕滑過……

孫權大喝一聲，突然圓睜雙目，從病榻上坐起，空洞的眼神望著無垠的遠處，孫亮抱住了老父，喊著父皇，然而他似乎完全沒有反應。

「仲謀，來吧！」

大哥伸出有力的臂膀一把將孫權拉到了竹筏之上，多少年過去了，大哥的臂膀依然如山岩一般堅強，孫權彷彿又成了那個大哥的跟屁蟲，和大哥一起坐在竹筏上順流而下，孫權似乎又回到了無憂無慮的童年，好讓人懷念的年代，什麼皇帝寶座、江山社稷，孫仲謀再也不必為這些無聊之物煩惱了……

孫亮詫異地看見父皇的嘴角露出一絲溫暖的微笑，然而他的肢體卻漸漸地冷卻、僵硬了，御醫悲痛地宣告說：「皇帝駕崩了！」

——《東吳祕史．五十載隨風去》

第十章 東南之雄

我的敵人之中，大概數曹丕的人生經歷與我最為相似，其一、我從兄長手中接掌了江東，而他則從父親的手中得到了中原，在人們的眼中，我們都是造化的幸運兒；其二、我們的前途起初都不太被看好，張昭等人都以為兄長會選擇孫翊，而據說曹操也曾經打算選擇曹沖或是曹植為接班人。

可是當年兄長去世之時我才十九歲，曹丕卻是在而立之後才登基為王。我本以為曹丕會老成一些，然而我沒有想到的是他居然以為我真的會臣服於魏，天真地等待我送去質子。我真的很吃不消他。

其實曹丕的文章寫得不錯，他送我一本《典論》，在這本書裡他說自己六歲就學會了射箭、八歲已經能騎馬而射，又跟隨名師學習劍法云云；至於文學，則少誦詩論、博覽經史及諸子百家之言，所著書論詩賦凡六十篇等等。

我相信曹丕不是在吹噓，也許他真的是文武全才。我只知道身為君王，讓國中之人人盡其才才盡其用才是正道。我的騎射、劍法遠不如我的武將們，博覽群書、著書寫賦也不如我的文臣們，可是如果我厚顏無恥地強問他們，也許他們一定會回答說：

「殿下英明神武，臣等不如！」

有意思麼？

曹操是一個英雄，他的兒子曹丕不是！

——孫仲謀的獨白

71. 戲弄曹丕

夏去秋來，令劉備覆滅的炎熱之夏結束了，然而荊州的秋天也不寧靜，西線休戰而東線的烽火又起，這一會江東的敵人是曹魏。

蜀漢軍在夷陵戰場上倒下了八萬人，其江北軍團的大將黃權則歸降了曹魏。而當陸伯言和劉玄德在夷陵火拚肉搏之時，曹丕很自得其樂地坐在洛陽的龍椅上等待孫權送兒子孫登來魏國做人質。

這一年的春天，也就是劉備突破秭歸防線、進抵夷陵的時候，孫權答覆說：「犬子孫登一定會來。」

然而一整個春天過去了，不見孫登來。

這一年的夏天，也就是孫劉在猇亭僵持不下的時候，孫權透過浩周帶信說：「犬子孫登一定會來，眼下正在準備。」

曹丕問浩周：「孫權的話是否可信？」浩周回答說：「我以全家老少百口人為擔保，孫權可以信賴！」

然而一整個夏天過去了，不見孫登來。

「遲遲不來，要人接不成？」

於是派侍中辛毗、尚書桓階訪問江東，與孫權盟誓，順便把孫登帶回來。結果孫權一口拒絕：「不用勞駕使者了，孫登自己會來。」

等了許久還是不見孫登來。

曹丕知道自己被騙了，他決心對江東用兵。

有人在私底下嘀咕：「要打江東也得找個好時候，當初孫劉僵持之時，所謂鷸蚌相爭漁翁得利，正是用兵的良機。現在還折騰什麼？人家已經打敗了劉備，士氣高漲、鬥志昂揚，現在去攻打江東，這不是自己去找打捱頓揍麼！」

這話到不了曹丕耳朵裡，勸諫曹丕的人是大臣劉曄，他說：「彼新得志，上下齊心，而阻帶江湖，不可倉卒制也。」勸曹丕暫緩征吳。

收聲！曹丕不想聽，他現在滿腦子是要給孫權好好一頓教訓，讓他不把老子當回事！

曹操時代的名將大多還健在，兵更是不缺，曹丕手裡握著一把好牌，只管亂甩：征東大將軍曹休、前將軍張遼、鎮東將軍臧霸三路人馬齊出洞口（今安徽和縣）；大將軍曹仁出濡須口，上軍大將軍曹真、征南大將軍夏侯尚、左將軍張郃、右將軍徐晃四路軍圍攻南郡。一口氣派出八員大將、十萬大軍，曹丕的派頭夠大，東吳的主力據說都在夷陵，後方空虛，這下孫權該告饒了吧。

孫權的確告饒了，他給曹丕上書，用詞十分謙卑：「若是陛下認為孫權的罪行難以赦免，孫權願意奉還江東土地人民，只求交州一州作為養老之地以度餘生。」看這意思，是要放棄江東去嶺南養老；然而他又寫信給浩周，說打算代兒子孫登向曹氏宗親求婚，考慮到孫登年紀還小，打算派重臣孫邵和張昭陪同孫登一起入京等等。

語無倫次！看來孫權是真的害怕了。曹丕很是不屑，他隨即頒下一道聖旨給孫權：「朕之與君，大義已定，豈樂勞師遠臨江、漢！若登身朝到，夕召兵還耳。」

聖旨傳到江東，猶如石沉大海、了無音訊，又空等許多時日，孫登依舊不來，曹丕明白自己又被耍了一通，這一怒非同小可，他決定要御駕親征。

「曹丕親征麼？」雖然身在夷陵，可是陸伯言時刻關注著北方的軍情變化，曹操在世之時曾經多次征伐江東，並未占到什麼便宜，由此看來似乎東吳不必畏懼曹魏。可是眼下的形勢不同，東吳與蜀漢尚未休戰，一旦與曹魏開戰，便是兩線作戰。陸伯言坐鎮西線，難以離開，那麼誰來都督東線戰事呢？

與猛將如雲、謀士如雨的曹魏相比，東吳實在是兵微將寡。

朱然已經回到南郡，諸葛瑾、潘璋也正在趕赴南郡的路上，他們的對手是曹真、夏侯尚與名將張郃、徐晃，軍容強盛，但是南郡距離陸伯言的夷陵不遠，一旦有急，陸伯言可以馳援應急，所以這一路其實問題不大。

周泰也已經趕回濡須口，他將迎戰曹仁。濡須口是孫權經營多年的水軍要塞，攻守兼備，周泰本人又驍勇善戰，曹仁被認為是勇猛甚於張遼之虎將（《傅子》云：「曹大司馬（仁）之勇，（孟）賁、（夏）育弗加也。張遼其次焉。」），然而他的強項是陸戰而非水戰，所以這一路也不憂。

最讓陸伯言擔心的是洞口一路，張遼、臧霸都是曹操時代的名將，至於曹休麼……

「文烈可不是泛泛之輩啊！」

文烈是曹休的字，曹休的祖父曾經做過吳郡太守，當初天下大亂，早年喪父的曹休帶著一名門客擔著父喪、攜著老母渡江來到吳郡，曾與陸伯言偶然中結識。

陸伯言也是早年喪父，遭遇相似的二人很是惺惺相惜。陸伯言比曹休年長幾歲，所以稱曹休為「文烈弟」，曹休則稱：「伯言兄」，「人們稱我們為喪父的孤兒，可是其實喪父的並不只是我們兩個！」陸伯言對曹休說，「這個國家正如蒼老的父親般走向死亡，很快所有的人都會成為喪父的孤兒。」

「你是說會誕生一個新的王朝麼？」曹休雖然年少，卻飽覽史書，比一般的少年要老成許多，「如果是那樣，你我就是這個新王朝的韓信、彭越！」

「嘿嘿，也許我們會各為其主、在沙場上廝殺呢！」

「果真如此，我一定不會服輸退讓！」

「哈哈，你還真是個倔強的小子！」

後來陸伯言去廬江投奔祖父陸康，曹休則輾轉北上，到了伯父曹操的帳下。曹操很喜歡他：「此吾家千里駒也。」可見器重的程度。

然而從此陸伯言與曹休也就天各一方，若干年後，真的各為其主，成了沙場上的敵人。

這一次曹丕實際上是以曹休做了東線的主將，就連宿將張遼、臧霸也做他的副手。以曹休的性格，一定會在曹丕面前誇下海口要橫掃東吳之類的話。

事實上孫權在東線並無可以抵禦曹休的大將，自從遷都武昌以後，留守建業的大將是老臣呂範。

呂範其實是個很有見識的人，當初他曾經建議孫權扣留劉備，可謂與周瑜靈犀相通。為人又方正有威儀，若是讓他做個封疆大吏，是個很稱職的方面大員。可若是派他都督諸將領兵作戰……

孫權對這位老臣極為信任，呂範目前的職位就是建威將軍、宛陵侯、領丹楊太守、督扶州以下至海，總攬建業留守大權。陸伯言皺緊了眉頭，若是在和平時期，這樣的安排並無不妥，可是這個人實在不是合適的大將之選啊！

所謂屋漏偏逢連夜雨，數日後從濡須口傳來了消息，周泰患上急病，已經無法指揮作戰，濡須督的位置出現了空缺。而曹仁的大軍已經進入濡須水。

恰在此時，白帝城的劉備給陸伯言寫來了一封書信，對東吳的處境很是幸災樂禍：「聽說曹賊已經進兵江、漢，朕也打算再次東征，將軍意下如何？」

汗！

在夷陵損失了八萬大軍的老劉哪裡還會有再次東征的能力，陸伯言暗暗好笑，他提起筆寫了封針鋒相對的回信：「只怕貴軍剛吃了敗仗，創傷尚未癒合。奉勸尊駕還是好好休息，莫折騰！要是不自量力，再次送上門來，勢必會無處逃生！」

劉備這邊只是虛張聲勢，可是東線的危機卻是實實在在，送出書信之後，陸伯言心情沉重。

72. 兵臨城下

夷陵大戰後的這年冬天，曹魏洞口大營中正進行著激烈的軍議。

這一場紛爭發生在以曹休為首的少壯進取派和以臧霸為首的老成保守派之間，曹休的主張是利用東吳東線虛弱的時機，閃電渡江，直取建業；臧霸等人則認為不可妄動，主張看看東吳軍的動向再說。

「探子已經查明敵將只是呂範而已，為何諸君如此膽怯！」即使曹休用上激將法，也是無用。

雖然曹休是主將，但是畢竟年輕而威望不足，大多數將領附和臧霸的觀點，就連張遼也認為不妨保守一些，曹休大為失望，被孤立的感覺深深浸入他的心中。這時候，他不禁想起了少年時在吳郡結識、如今已經是東吳大都督的陸伯言。

「聽說伯言兄在夷陵已經取得了大破劉玄德的顯赫戰功，而我只是因為宗室的緣故拜將而已，難怪這些人對我不屑一顧！」

然而就在這一夜，形勢發生了奇妙的轉機，一陣突如其來的大風襲擊了洞口江面，所謂：「大風捲水，林木為摧」，風從東方來，洞口在長江的西北岸，呂範的艦隊恰在東南，這猛烈的風便首先在呂範的艦船之間施虐起來。

東吳的造船業發達，有專門的典船都尉負責督造船隻，大船高出水面三二丈、長二十餘丈，可載六七百人、貨物萬斛。《水經注》甚至說孫權曾經造出可載三千人的大船。東吳人又熟於水性，吃住都在船上也不會頭暈，於是對於這場突如其來的大風，難免警惕性不高。

主船上的呂範聽著呼嘯的狂風，也絲毫不以為意，大有「讓風暴來得更猛烈些吧」的意思。

「對岸的曹魏兵一定嚇得瑟瑟發抖吧！」

事實上對岸的曹魏水軍真的害怕了，他們看著波濤洶湧的江面、聽著咆哮的狂風，連臉色都變了。

可是曹魏軍沒事，有事的是呂範引以為傲的東吳水師。

風更猛了，又是一通驚濤駭浪，東吳水兵終於也緊張起來，這不是普通的風暴，他們急忙向將領們報告，將領們則稟報呂範。

「真是膽小之輩，罷了，用纜繩把船繫在岸邊好了。」

然而過了半個時辰，在風暴怒吼聲中傳來一陣巨大的聲響，彷彿是什麼東西折斷了。

「是桅桿斷了！」

狂風捲著吳軍的桅桿和帆呼嘯著撲向了江中，接著纜繩和錨鏈也被吹斷了，有多艘東吳的船隻搖搖晃晃地離開了東岸，在驚濤駭浪中顛簸！

風暴、巨浪、暗礁，更可怕的是船正在被風吹向對岸的曹魏水寨。

第十章　東南之雄

「看，敵人來進攻啊！」曹魏軍人急忙向曹休報告。

聞報，曹休立刻策馬趕到江邊。

「不是進攻，他們是被大風吹來的！」

當年周瑜憑藉這一把東風火燒赤壁，幾乎全殲曹操的水師。如今這一股東風卻把東吳的船隻送到了曹休的面前。

「出擊！」

曹休一聲令下，曹魏軍衝向擱淺的吳船，完全不知所措的吳軍水兵成了可憐的犧牲品，遭到無情的屠戮。

這時風勢漸漸的減弱了，驚魂未定的東吳將士們聚集到岸邊，眼前一片狼藉，艦船受損無數，更要命的是十餘艘大小船艦被吹到了對岸擱淺，近千名水兵被殺或被俘。

這是一個突發事件，並非敵軍的事先謀劃，可是身為一軍之主將，怎麼能對到來的風暴無動於衷、應對失措呢？從未指揮過大部隊作戰的呂範深深自責，然而遠在武昌的孫仲謀也應該好好地想一想：是誰把忠心耿耿、方正可靠的呂範放在了不合適的位置之上。

陸伯言的目光此時正聚集在南郡江陵，身為南郡方面主將的朱然派出了一萬人的部隊進駐長江中的一個小島，此島名為江陵中洲，是曹軍渡江南下的重要通道。

一到島上，吳軍便忙碌地搭建起簡陋的臨時營寨，在這種溼潤鬆軟的土地上安營紮寨可不是一件容易事，吳軍忙了大半天才架起帳篷、修起柵欄住下，到了夜間，除了哨兵，所有人都疲憊地入睡了。

「這真是辛苦的一天啊！」

可是突然之間殺聲震天，乘著夜色悄悄登陸的曹軍從四個方向殺入吳軍新建起來的營盤，許多士兵在睡夢之中便被殺死。剩下的人也無法組織起有效的抵抗，只能放棄白天辛辛苦苦搭建起來的營寨，逃上艦船離開。

襲擊江陵中洲的正是曹魏大將張郃，當年從袁紹帳下轉投曹操，此後在西北戰場屢立奇功，這一次被調遣到了東南戰場。此人以用兵巧變著稱，又善列營陣，長於利用地形，一眼看出了江陵中洲是塊兵家必爭之地，所以乘朱然的先遣部隊尚未立穩腳跟，發起這一場夜襲，奪取了吳軍的營寨。

攻克江陵中洲的曹魏軍團即刻以此為中點渡江，曹真、夏侯尚、張郃、徐晃等四個兵團的部隊先後渡過長江，朱然的江陵城已經成為一座圍城，人數遠遠超過朱然兵團的魏軍在江陵城外安營紮寨，挖下壕溝，做好了長期圍困的準備。

「拿下江陵，生擒朱然！」

四位魏將分配了各自的任務，張郃、徐晃負責圍困，夏侯尚負責擊退東吳的援軍，曹真則來回接應。

朱然登上城頭，四下都是曹魏的旗幟與士兵，密麻麻地圍住了江陵城。而在江陵中洲損失了數千人的朱然，此時只剩下不到一萬人的部下而已，更糟糕的是，因為事先並未考慮到會作戰不利，江陵城根本就沒有做好長期守城的準備，糧草和箭矢都嚴重不足。

「諸葛太守的援軍被夏侯尚擊退了。」

朱然的同僚南郡太守諸葛瑾駐紮在南面的公安城，他帶著一支軍隊北上來救援江陵，但是途中遭到夏侯尚的阻截，一場惡戰之後，諸葛瑾的部隊損失慘重，只能退回公安。

「如果江陵失陷，荊州就完了。」朱然明白此城不可放棄，他決心以死捍衛江陵。然而形勢的嚴峻卻不是可以用一個死字能解決，城外交通斷絕、水洩不通，城中疾病流行、許多將士都患上了浮腫、失去戰鬥能力，最後只有五千人還能勉強堅持下去，朱然雖然意志堅定，看著自己的部隊一天天地非戰鬥減員，心裡也是煩躁不已。

這日江陵的城頭忽然嘈雜了起來，朱然登上高臺瞭望城下，不禁倒吸了一口冷氣，多如螞蟻般的曹魏軍人正在堆築土山，一夜之間已經堆起數丈高的土山斜坡，倘若讓他們這樣挖下去，這土山便會一路堆到江陵城下，與城牆一般高，江陵城的陷落便只是時間問題了。

「放箭！」

朱然想到的唯一辦法就是射退這些士兵，讓他們的土山工作持續不下去。

東吳的弓箭手們摸了箭羽，搭在弦上，準備射殺敵人。

頓時箭如雨下，然而卻不是守軍發射出的箭矢，更不是射向土山旁的曹魏士兵，而是射向城頭的東吳守軍。

一時城頭大亂，數名守軍中箭倒下。朱然伏在城頭，這才發現曹魏軍在高坡上架起了高臺，這些箭正是從高臺上射過來的，雖然因為距離較遠，射手很難精確射擊，可是他們的存在已經足以嚴重打擊守軍的意志。

朱然環顧周圍的士兵，他們已經個個面無人色了。

「大都督一定會來救援江陵！」對於朱然和守城將士來說，這已經是他們唯一的精神依靠。不久前孫桓被困夷道城，不也是有賴於大都督陸伯言的神機妙算而解圍的麼？朱然堅信這一戰也一定可以逢凶化吉！

然而，還是有人熬不住了。城中出現了叛變者的身影，叛變者是江陵縣的縣令姚泰，他負責守衛江陵城的北門，卻對江陵城的前途失去了信心：「江陵城中疾病流行，糧草也快吃光了，將士鬥志低落，只有朱然還一心抵抗而已。」

姚泰寫信者告訴曹真，他可以打開北門，迎曹軍入城。

所幸他們的信使被截獲，朱然斷然誅殺了姚泰，可是他的心情無比沉重，如果圍城的困局繼續下去，下一個姚泰便會很快出現，運氣不會永遠在朱然這邊。

誰能解救東吳危局？

這時已是西元二二三年的春末，梅雨季節來臨的前夕，長江水位下降到了這一季的最低點，東吳引以為傲的水軍優勢難以發揮，唯見：春旱天地昏，日色赤如血！農事都已休，兵戈況騷屑。

73. 梅子熟時

曹魏軍三路並進，東西兩路都取得了不錯的開局，如今唯有中路的曹仁大軍停滯不前。他們的目標是濡須口，聽聞濡須督周泰已經病重，城頭甚至不見一面東吳軍旗，更聽不見一聲軍鼓之聲，難道說吳軍已經棄城遁逃了麼？

曹仁的情報工作做得很到位，他知道雖然周泰病重，濡須城中卻並非無人，一位叫做朱桓的年輕人挑起了主將的擔子，他是陸伯言的同鄉、吳郡朱家的子弟（前文所述的朱治、朱然出自丹楊，與朱桓不是一個家族）。

曹仁耳聞近幾年吳郡的本土大族顧、陸、朱、張迅速崛起，不過多數是以文臣面目出現，譬如顧雍、陸績、張溫，陸伯言是個例外，在夷陵重創劉玄德，一戰成名天下知；不知這位朱家的公子，是否也有媲美陸伯言的才器？

曹仁二十歲跟隨曹操起兵，當年在江陵城下大戰周瑜，獲得了「將軍真天人也！」[01]的盛譽，至今縱橫沙場已有四十年，他不想在這小小濡須口有損自己的威名，雖然面對的敵將是年輕的朱桓，他也不敢掉以輕心。

於是曹仁放出了風聲，說是要先行突擊羨溪城。羨溪城在濡須城東六十里，與濡須同為犄角，可謂唇亡齒寒。

「拿下羨溪城，朱桓便成了一葉孤舟，擊敗他易如翻掌！」

[01]《三國演義》中羅貫中把這句讚美之辭送給了關羽，為後人所熟知。不過在正史上，這句話是屬於曹仁的。

朱桓的兵本來就不多，如果分兵救羨溪，濡須的防守兵力便不足，可若是不救，羨溪城便有陷落的危險。這正是考驗大將作戰智慧之處。曹仁這一招，倒像是在試探朱桓這個新人究竟成色如何？

「大將軍，吳兵數千人已經往羨溪城方向去了。」

曹仁大笑，他立刻收回東進的騎兵，大軍席捲向前直撲濡須，這時朱桓的守軍只剩下了五千人。

曹仁不想強攻，孫權經營濡須口多年，這座城建得頗為堅固，又近在水邊，吳軍一旦有急便會上船逃走。他探聽到朱桓及其部將的妻兒老小都住在濡須水中的一個小島（如同江陵中洲，這個島叫做濡須中洲）。

倘若拿下濡須中洲，取得朱桓軍的家屬作為人質，這一仗便可以不戰而勝。曹仁的戰術安排是分兵兩路，一路軍由曹仁之子曹泰率領，佯攻濡須城以吸引朱桓的注意，另一路軍則指派大將常雕、王雙帶領，乘坐牛皮筏突擊濡須中洲。

一虛一實，曹仁的謀略可算老練了。可是曹泰的這一路軍剛在濡須城下確開攻城的陣勢，朱桓已經殺將出來，既然是佯攻，曹泰軍也不戀戰，稍事抵抗便燒營退卻。

「常雕、王雙想必已經得逞！」曹仁十分得意，然而這兩位將領卻始終沒能回來。常雕死於中洲，而王雙則束手就擒，一千餘人的突擊隊幾乎是全軍覆滅。

原來所謂濡須中洲的妻兒，只是朱桓的誘餌而已。

此時，江陵告急的文書已經在陸伯言的案几上擺了十幾道，西有劉備蠢蠢欲動，東有曹真等四將圍城，諸葛瑾的援軍又被擊退，陸伯言手中的牌很少。

第二路援軍的主將是潘璋，然而他手頭的兵力也不多，為此專程在出兵之前特來向大都督請教，可是陸伯言卻一語不發。

「江陵已經危在旦夕，只恨潘某兵少，恐怕有心無力……」夷陵之戰初期，潘璋曾是對陸伯言不屑一顧的將領之一，然而到了此時，他和許多人一樣，已經奉陸伯言為軍神，「人力不足的話，那就只有靠這個了。」

案几上擱著一碟水果，那是剛黃熟上市的江南之梅。陸伯言拈起一粒梅子，朝潘璋笑道：「潘將軍雖是中原人士，可是在江東也住了二十來年，難道不知曉梅子熟了麼？」

潘璋完全莫名其妙，這梅子熟與不熟，與行軍作戰有何相干？雖然曾經有曹孟德望梅止渴的故事，可是眼前東吳的敵人不是乾渴，而是曹魏大軍。梅子能破敵麼？

陸伯言將梅子丟在嘴裡，望著窗外，所謂：「一川菸草，滿城風絮，梅子黃時雨。」這時的荊楚大地已經被這淅瀝的梅雨所籠罩。湛湛長江去，冥冥細雨來，原本低落的江河水位已經高漲起來。

陸伯言把一份情報放在潘璋面前，原來長江水淺之時，曹魏軍團為了將騎兵和攻城器械運往江陵，在長江上建立了一座浮橋，南北相連，數萬魏兵，悉數從浮橋通過長江，源源不斷地進抵江陵城下。

如今荊州已經入梅，長江水位逐漸上升了，一旦江洪泛濫，缺少船隻的曹魏大軍將陷入汪洋澤國，唯一的撤退通道便是這座浮橋。曹魏軍中如果有智謀之士，一定會勸說曹真、夏侯尚在江水氾濫之前撤退；如若不然，便是我軍水淹曹真之時。

潘璋大悟，原來戰機就在這梅雨季節，曹魏軍的死穴就在這座浮橋。只要潘璋拿下這座浮橋，曹魏軍團便要重蹈當初「水淹七軍」的覆轍。

潘璋是個雷厲風行之人，當即帶領本部人馬到江水上游砍伐了數百萬束蘆葦，捆綁成蘆葦筏子，只等暴雨氾濫、江洪爆發，便突擊浮橋。

然而這時圍困江陵的曹魏軍也開始迅速退卻，十日之內，江陵城下的十萬曹魏大軍，走得一個不剩，所有土山、高臺、攻城器械以及輜重車輛全部被遺棄。

農曆三月初八，曹丕從伐吳前線回到了洛陽，三路伐吳大軍班師，一場轟轟烈烈的南征風暴，就此雲收霧散。

提醒曹丕收兵、不可戀戰的智謀之士，是山東人董昭。當初關羽水淹七軍、圍困樊城之時，他曾在曹操帳下出謀劃策。也許正是這一段經歷，令他對荊州的大水記憶猶新。這一年的春夏之際，正是此人警告曹丕，指出曹真、夏侯尚的南征大軍存在致命的危險，大聲疾呼：「江水向長，一旦暴增，何以防禦？就不破賊，尚當自完。奈何乘危，不以為懼？事將危矣，唯陛下察之！」

這一次曹丕很明智的接納了董昭之言。對於曹魏而言，這值得慶幸，十餘日後，果然江水暴漲，如果曹軍還在原地，一定會被東吳水軍圍殲，否則便成水中之鬼，曹丕對董昭的先見之明大為欽佩。

然而曹魏興師動眾、折騰了大半年居然無功而退，實在是很令人鬱悶。班師後一週，在濡須被小將朱桓戲弄了一把的大將軍曹仁嚥不下這口窩囊氣，鬱鬱而終，時年五十六歲。

一個月後，揚言要再次東征的劉備也在白帝城嗚呼哀哉，繼位者是他的兒子劉禪，有流言說此兒是個智障，也有人說他大智若愚，然而無論如何，蜀漢與東吳的關係出現了微妙的轉機。半年之後，主持蜀漢軍政的諸葛亮終於下決心恢復與東吳的友好關係，這一年的冬天，一個叫鄧芝的蜀漢大臣來到了武昌，向孫權傳遞了善意的問候與恢復同盟關係的請求。

次年春天，出自吳郡張家的大才子張溫奉命出使益州，正式宣告孫劉聯盟的重建，兩家關係再度升溫。

時為西元 224 年，距離魯肅與劉備長坂坡之會整整十六年。大概當事人也沒能預料到，這一次會晤所結成的孫劉聯盟，足足維繫了四十年，直到蜀漢覆亡。

74. 百戰無休

一聲清脆的嬰兒啼哭之聲打破了黎明的寂靜，陸伯言難以抑制心潮澎湃，霍然起身的他，雙眼注視著產房的門戶，片刻也不曾離開。

陸伯言與孫舒城成婚已經多年，可是一直無子。以至於陸氏家族以及府內外的多事之人，紛紛猜測這位公主是不是不能生育。

這些風言風語甚至傳入了孫舒城本人的耳中，起初她抱著不聞不問的態度淡然處之，可是越傳越盛的情形之下，這位個性倔強而又聰慧的女子發現必須面對這一現實。

「夫人，說個有趣的事給妳聽。」那日陸伯言的興致頗高，「諸葛將軍妳是知道的，他長了一張長臉……」

陸伯言口中的諸葛將軍就是諸葛瑾，他的長臉的確令人印象深刻。那日不知何故，孫權命人牽來了一頭驢，驢臉上掛著一個牌子，上寫四個大字。眾臣莫名其妙，待到看清楚所寫之字，頓時哄堂大笑。

原來那四字是：「諸葛子瑜。」

孫氏兄弟都喜歡開玩笑，從孫策到孫權，也許在脾氣上略有差異，可是在喜歡捉弄人這一點上毫無二致。

諸葛瑾是個厚道溫良的老實人，面對主君的戲謔，他好脾氣地陪著笑。可是他那十歲的小兒卻從父親身邊走了出來，他跪倒在孫權面前，毫無畏懼地請求說：「乞請筆益兩字。」

孫權哈哈大笑，這十歲的小孩子想做什麼呢？這倒是勾起了孫權的好奇心。他下令給這小孩一支筆。結果這諸葛家的小兒提起筆便在牌子下方續寫了兩個字：「之驢」。

一座俱驚，因為這樣一來，這個牌子就成了六個字，連起來讀是：「諸葛子瑜之驢」！

原來是為了戲弄諸葛瑾的長臉，如今經這小孩子一改，居然成了「諸葛瑾的驢」，孫權又驚又奇，不得不把這頭驢賜給了諸葛瑾。

「呵呵，諸葛子瑜的兒子不過十歲，卻如此機警聰明，真是難得的佳兒！」

「啊？已經十歲了麼？」

說者無心、聽者有意，陸伯言其實只是說一件趣事罷了，孫舒城卻低下了頭。諸葛瑾比陸伯言大幾歲，身為同僚，他的兒子已經十歲了，可是陸伯言卻沒有兒子。他的長子陸延早已經夭折，而孫舒城嫁入陸家差不多已經八、九年了，卻一直未能為陸伯言生下一兒半女。

他是思子心切，所以借諸葛家的小兒這個事來旁敲側擊麼？

「納個妾如何！」以故作輕鬆的口氣說到這種話題，孫舒城強行按捺著心中的緊張感。萬一他順水推舟說一聲好，自己又該如何應對呢？孫舒城心中一陣陣地抽搐與茫然。

「納妾……好啊！」

「什麼？你說好啊？」孫舒城呆住了，忘了自己方才說了些什麼，她不能壓抑自己的激動，幾乎要站起來走掉。

「呵呵，你生氣了。」陸伯言漫不經心地說，「看來你還真是個嫉妒心強烈的女子。」

「凡是女子，都會有嫉妒之心。」雖然發現夫君似乎是在試探自己，孫舒城還是不服氣地說。

「哈哈，既然如此，想想在猇亭說的話吧！」

孫舒城當然記得，在出征之夜，陸伯言告訴妻子，如果能回來，他希望她能為他生一個兒子。這個兒子的名字便叫陸抗。

「可是……已經過去三年了。」

「不，不是你的錯，大概是忙於戰事，我太疏忽了你的緣故。」陸伯言輕撫著孫舒城的臉龐，「其實不僅僅是我，連年的戰事，令百姓不得休息，整個荊州的人口都大減少了，所以眼下，應該是休養生息的時候了。」

所謂休養生息，就是在大規模戰役之後，減輕百姓的賦稅與兵役，讓他們得以安心耕織、繁衍後代。陸伯言的所指，不僅僅是家事，更是國事！自從赤壁之戰以來，孫氏與曹、劉戰事不斷，雖然有些戰事是不得不應戰，但大部分戰事其實是孫權熱心於爭奪天下所致。為了個人的野心而導致生靈塗炭，雖然是亂世的常態。可是擅於治國的君王，可不會窮兵黷武到國人怨恨。

徵役繁重，疫癘流行，民戶損耗，這是不容辯解的江東實情。

此時陸伯言的職位是輔國將軍、領荊州牧、封江陵侯，在他所管轄的西陵（即夷陵）、江陵地區，幾年來出現了難得的和平局面，陸伯言下令減輕賦稅、休養生息，荊州的元氣漸漸得以恢復，這是劉表覆亡以來沒有過的事件。

終於在西元226年，四十四歲的陸伯言得了他的次子陸抗，這也是孫舒城與陸伯言唯一的孩子。

休養生息，這是陸伯言的想法，卻不屬於孫仲謀。孫權正在熱情澎湃、雄心勃勃，這一年的五月，從北方傳來了也許是振奮人心的好消息：曹丕死了！

曹丕比孫權小了整整五歲，可是卻早早地死了。他的死還與東吳有著莫大的關聯，去年三月，曹丕再度御駕親征，攻打東吳。然而遭到朝臣反對的曹丕足足耽擱了五個月，直到八月才率領他引以為傲的大魏皇家艦隊進入淮河，又磨磨蹭蹭到十月才進抵廣陵故城，抵達之後也不急於進兵，倒是詩興大發：

觀兵臨江水，水流何湯湯。
戈矛成山林，玄甲耀日光。
猛將懷暴怒，膽氣正縱橫。
誰雲江水廣。一葦可以航。[02]

[02] 曹丕《廣陵於馬上作詩》

……

然而此時已是冬季，江面結冰，曹丕精心打造的皇家艦隊全無用武之地。這冰又不是北方那種凍得很牢固的冰，不足以踏冰行馬，薄弱處往往一踏即碎。曹丕派一支先遣隊試探性地過江，走到江心一片嘩啦啦之聲，盡數落水。曹丕看著冰解處露出的波濤洶湧，更是寒心。

「有冰過不去，無冰也過不去。」曹丕哀嚎道，「嗟乎，固天所以限南北也！」

再看看大江南岸，瀰漫數百里，盡是東吳旗幟，城牆連綿不斷、箭樓整齊，江中又整齊地排列著無數戰船，曹丕心中便沒了躊躇滿志的勁頭。

於是曹丕下令班師，結果吳軍趁機夜襲，曹丕的御林軍一片大亂，皇帝副車、羽蓋都被東吳軍奪取，真是狼狽至極。好歹人到了安全地帶，問題又來了，原來曹魏那皇家艦隊還在江水和冰塊中進退兩難呢！

正在糾結之際，一個叫蔣濟的大臣出了個好主意，鑿了四五條河道，把船聚在了一起，預先做好土墩截斷湖水，讓船前後相接，湖水沖開船隊，皆入淮水中，這才把曹魏帝國重金打造的皇家艦隊帶回了本國。

曹丕在三年之內兩度伐吳，都是虎頭蛇尾、無功而返，心中窩火，可想而知。又加上一路顛簸，風寒攻心。曹丕本來身體強壯，可是登基以後過於放縱，被酒色掏空了身體，這一折騰便有些吃不消了，回到洛陽，竟然一病不起。在病榻上苟延殘喘了四五個月，意料自己撐不下去了，咬咬牙冊封了太子曹叡，又召來曹真、曹休、陳群、司馬懿等一班重臣託付以幼主，於是駕崩，死時才四十歲而已。

曹丕的死讓孫權很是激動了一把，他立刻寫信給荊州的陸伯言：「曹丕已死，有人以為這是北伐良機，伯言意下如何？」

說是「有人以為這是北伐良機」，其實就是孫權本人的主意。孫權心中的踴躍之情，溢於文字，可是陸伯言的回信卻潑了一桶冷水。

「很多人以為曹丕死後，魏國一定會土崩瓦解，其實不然。我聽說曹叡即位以來，所任用的大臣都是中原的菁英忠良，更放寬刑罰，廣布恩惠，薄賦省役，收買民心，從某種程度而言，魏國實際上比前代更強大了。」

孫權越看越鬱悶，正好諸葛瑾覲見，他便和諸葛絮絮叨叨了好久。

「陸伯言寫信來，居然對曹叡頗為看高，真是大謬！」

「至尊怎麼看待此事呢？」諸葛瑾與陸伯言的關係很好，可是在這種形勢之下，深諳君臣之道的諸葛瑾知道孫權只是需要一個聽眾而已。

「孤的看法很簡單，曹丕不如他的老爹曹操，至於如今的曹叡，又比他的老爹曹丕差了一大截！」孫權幾乎是滔滔不絕，「曹操的確殘忍無情，可是他的御將之術可是自古少有。曹丕只是得了些皮毛，哪裡比得上他的老爹。而這位曹叡呢，只不過以一點小恩小惠收買人心而已，哪裡懂得什麼治國之道。」

「曹氏父子的確是一代不如一代，至尊所言極是！」諸葛瑾一邊附和著，一邊心中卻想：孫權為什麼對他說這些話呢？

「至於陸伯言所說的中原菁英、忠良大臣，無非就是曹真、曹休、陳群、司馬懿這四個人。這些人過去都害怕曹操的威嚴殘忍，所以竭心盡力、不敢為非作歹。而曹丕呢，多少還懂得恩威並用，所以能鎮得住這幾位。可如今曹叡不過是個娃娃罷了，他們互相不服氣，一定會引起黨爭，到時候魏國必然大亂。」

說到這裡，孫權嘆了一口氣：「陸伯言是個聰明人，常長於計校，可惜聰明反被聰明誤，我看這一次他是判斷失誤了。」

諸葛瑾頻頻點頭，其實他並不完全同意孫權的判斷，可是很顯然孫權不需要他的意見，他已經決定了，諸葛瑾知道自己無法阻止，所以也就無需阻止。

諸葛瑾沒錯，孫權已經決定不管陸伯言的勸言，一意孤行。這一年的秋天，孫權也仿效曹丕來了一回御駕親征，他的目標是曹魏的江夏郡（今湖北雲夢），曹魏的守禦大將是老將文聘，防守十分嚴密，孫權根本沒有找到破城的機會。這時恰好一名御史巡視各郡來到江夏，徵調附近的民兵點起火炬，孫權以為是曹魏援軍到來，立刻撤退。

同樣是無功而返的御駕親征，孫權的這一次北伐根本沒觸動曹魏一絲毫毛。而配合孫權北伐的諸葛瑾更為倒楣，他去攻打襄陽，遭到司馬懿的迎頭痛擊，損兵折將，狼狽而還。

其實所謂「旁觀者清當局者迷」，孫權分析曹魏的弊端，的確很是條理清晰、頗有見識，可是他忘了一點，曹叡個人能力雖弱，曹魏的國力卻在曹真、曹休、陳群、司馬懿等人的治理下呈現出強勁上升的態勢。而東吳經歷連番大戰之後，十分疲勞，需要的是休養生息而非再動干戈。

不出陸伯言所言，由於北伐，江東各郡的負擔更為繁重，山越再次起兵叛亂，從太湖到鄱陽湖，叛亂區域一度連成一片，孫權被迫取消北伐，回到了武昌。

然而就在孫權北伐無功而返的第二年，寂靜已久的西部中國卻喧囂起來，西元 227 年的春天，蜀漢丞相諸葛亮寫下了著名的〈出師表〉，大軍在漢中集結，大有風起雲湧之勢。

75. 騎虎難下

這是在前往江陵侯陸伯言府邸的路上，諸葛瑾看著一份文書，卻心不在焉。

屈指算來，諸葛瑾加入孫權陣營已經二十餘年，其中又有一半多時間是在孫權的幕府左右，算是孫權的嫡系心腹，對於這位主公的個性有著比一般文武更深刻的理解。

初識孫權之時，他不過是個二十左右的年輕人，謙遜而內斂，對未來充滿希望卻又有些茫然。然而二十多年過去了，人是會變化的。如今的孫權已經是四十有餘的中年人，傲踞王座，揮斥方遒、指點江山，他不再謙遜、不再內斂，也不再茫然，而是充滿自信、更有王者的獨斷與霸氣。

我們不妨把孫權的這些年分為幾個階段，第一個階段是孫權的成長期，這是孫權接掌江東的最初歲月，依靠的是兩個人，一個張昭、一個周瑜。若非這兩個人的力挺與扶持，孫權或許很難度過最初的難關。

赤壁之戰是一個分水嶺，一貫以老師自居的張昭因為主張投降而漸漸失寵，立下不世功勳的周瑜又不幸在戰後英年早逝，接替周瑜的魯肅無論在資歷、能力、地位上都不足以讓孫權仰視，於是孫權便脫離了對臣下的依賴，一點點地找到了強勢君王的感覺。

然而從魯肅到呂蒙，孫權的這一階段還只能稱為過渡期而非成熟期。這個年代孫權曾經打算顯示自己的統帥之才，在濡須口與曹操的對抗中他的自我感覺很好，草船借箭就是一個很好的例子，這時的孫權很自信、很膽大心細。然而很可惜，逍遙津的慘敗摧毀了這一切，孫權意識到自己很可能並非統兵之才。

西漢初年劉邦曾與韓信有過一段極妙的對話：

劉邦：「如我能將幾何？」（像我這樣的能統領多少兵馬？）

韓信：「陛下不過能將十萬。」（你最多能帶十萬兵。）

劉邦：「於君何如？」（那麼你呢？）

韓信：「臣多多而益善耳。」（我的統兵能力是多多益善，沒有上限。）

劉邦：「多多益善，何為為我禽？」（你這麼了不起，怎麼還被我拿下了？）

韓信：「陛下不能將兵，而善將將，此乃言之所以為陛下禽也。」（你雖然不是將兵之才，可卻是將將之才，這就是我之所以被你生擒拿下的緣故。）

孫權自認自己和劉邦一樣「不能將兵，而善將將」，所以在逍遙津之後他很少親自領兵出征，而是選拔如韓信般的「將兵之才」為己所用。呂蒙是孫權親手提拔為都督的第一人，接著就是陸伯言，兩次都很成功，令孫權頗為得意。

人有時因成功而精彩，有時卻因失敗而成熟。孫權的成熟期，正是在逍遙津大敗之後。然而成熟的另一面便是個性的凝固，孫權已經漸漸地不能如從前那般虛懷若谷、從諫如流，他比以往更自信，也比以往更驕傲、更自以為是。

在諸葛瑾看來，被自信而又自以為是的中年孫權賞識、重用，是陸伯言的幸運，亦是不幸。因為自信，孫權可以毫不猶豫地提拔陸伯言，無視眾意力挺他。可是同樣因為孫權的自信，一旦陸伯言的意見與孫權相左，兩人的關係便會很尷尬。若是在從前的周瑜、魯肅時代，孫權會三思自己的想法是否合理。而如今，孫權會認為自己才是正確的一方。

糟糕的是，陸伯言雖然是斯文的書生、看似謙和的外表之下卻有一顆倔強的心。凡是他認為正確之事，他也一定會無視阻礙而堅持下去。這種個性令他能在夷陵之戰中堅持自己的策略，最終戰勝了劉備，可是如今卻是在君臣之間，陸伯言的倔強個性與孫權的自我膨脹一旦因為意見相左而產生摩擦甚至是碰撞，那將是東吳的末日之災。

好在這一切還只是初露端倪而已。孫權對陸伯言的倚重之心遠遠大於他的抱怨，而陸伯言的意見與孫權的策略也並非完全不能調解。

至於居中調解之人，非諸葛瑾莫屬。論與孫權的君臣默契，文武中無人能與他相比。而論與陸伯言的個人交情，又是難得的知己。所以諸葛瑾責無旁貸，也許這也正是孫權選擇與他而不是別人談陸伯言的得失。

「若是他人，或許會藉機從中挑撥，但子瑜就不一樣了，他一定會把孤的心意委婉地轉達給伯言，這正是子瑜的長處與厚道之處。」

其實諸葛瑾很贊同陸伯言的意見，不久之間，一個叫駱統的文臣大膽上書，痛訴戰爭頻繁導致的嚴厲苛政，致使民眾怨聲載道。

徵役繁數，重以疫癘，民戶損耗。

在這亂世群雄紛爭之時，無論是以強勢面目出現的曹操還是以仁義厚道自居的劉備，莫不重賦稅、多徭役，目的只有一個，那就是多占資源、多徵兵，兵多就能搶到更大的地盤。這樣一來自然是苦了百姓，不但賦稅繁重，更由於戰爭不斷導致瘟疫不絕，百姓熬過了饑荒，熬不過戰亂；躲避了戰亂，躲避不了瘟疫，東漢桓帝永壽三年（西元 157 年），當時全中國的人口是：戶數 1,070 萬，人口 5,648.7 萬，可是到三國鼎立的時代，全中國戶數已經不足 200 萬戶，人口不足 1,000 萬。

其中，孫權所統治的荊州、揚州、交州更是戰亂施虐之地，漢末三大戰役：官渡、赤壁、夷陵，兩次發生在荊州，南國本來就是未開發的蠻荒之地，經濟遠不如北方發達，人口較少，而孫權要以南國之力與北方爭雄，難免苛政暴斂。

徵賦調數，由來積紀，加以殃疫死喪之災，郡縣荒虛，田疇蕪曠，聽聞屬城，民戶浸寡，又多殘老，少有丁夫。生則困苦無有溫飽，死則委棄骸骨不反。

其實即便是陸伯言本人，當初也曾經被地方官指責「枉取民人，愁擾所在」，然而在生死存亡的戰爭環境之下，明知不可為而為之，也是很多將領不得已的選擇。所以在三國鼎立局面形成之前的群雄紛爭形勢之下，包括曹孟德、劉玄德、孫仲謀在內的各勢力都選擇了強壓統治。名臣如荀彧、諸葛亮、陸伯言等均無異議。

分歧是在三國鼎立形成之後產生的，陸伯言認為天下大局已經粗定，無論是北方的曹魏，還是南方的孫吳、蜀漢都難以在短期內撼動對方、改變大局，所以聰明的統治者，應該是與民休息，發展國力，做好持久對抗的準備。

這種意見在三個國家內部都出現了。在曹魏一方，智士賈詡曾警告曹丕：吳、蜀雖然是蕞爾小國，可是依阻山水、不可能一時搞定。劉備有雄才，諸葛亮善治國，孫權識虛實，陸伯言見兵勢，只要這些牛人在，曹魏想要一統天下，那是不可能完成的任務。倒不如先文後武，治理好自己的國家再說。曹丕死後，一個叫孫資的大臣也以類似觀點告誡了曹叡：不要急吼吼，只要守住陣腳、讓國內百姓樂業，假以時日，曹魏必然一日強似一日，而窮兵黷武的東吳和蜀漢卻會在消耗戰中自取滅亡。

對於東吳而言，既然短時間內無法撼動曹魏在中原的統治，最務實的辦法，倒不如維持邊界的現狀，致力於國內的開發，要知道孫權統治下的揚州、交州還有大片的未開發之地，如果能將這些土地開發出來，那麼就能養活更多的人口，所謂國家正是建立在人口與土地之上，挖掘出南國潛力的東吳，必然會成為一個強大的國家。

這正是陸伯言的想法，也是諸葛瑾、駱統們的想法，可惜不是孫權眼下的想法。問題恰恰在於：這種形勢的變化，駱統、陸伯言們意識到了，孫權卻沉浸在北伐中原的雄心壯志中不能自拔。

對於諸葛瑾而言，最令他為難之處是如何說服陸伯言放棄他所贊同的辦法，去附和孫權的方案。

如果確實是陸伯言錯了，諸葛瑾會毫不猶豫地前往遊說，可是事實並非如此，諸葛瑾又該如何說服他呢？

然而騎虎難下的，何止諸葛瑾一人？

76. 不得不為

「祁山的軍情，伯言可知曉麼？」諸葛瑾一坐下來便說，「本以為孔明積蓄士氣多年，又是出其不意，多少會有些收穫，未曾想居然是敗了……」

西元228年春天，蜀漢丞相諸葛亮親率大軍從漢中走西北路出祁山，攻打曹魏的雍州、涼州各郡，天水等三個郡叛魏降蜀，令一直藐視蜀漢的曹魏帝國大吃一驚，皇帝曹叡為此特地親臨長安，鼓舞士氣。

然而相當不錯的開局卻沒有帶來一個好結果。隨後的局勢急轉直下，反應過來的曹魏啟用了曹真與張郃這一對宗親與宿將的黃金搭檔。而諸葛亮卻錯誤地將宿將魏延束之高閣，任用言過其實的馬謖統御各軍，結果在街亭慘敗，諸葛亮只能吐出已經在嘴邊的天水等三郡，返回漢中。

「孔明誅殺了馬謖，實在是太過嚴厲了。」

「其實馬謖是個帷幄良才，只是孔明將他放在了不當的位置上而已。」陸伯言看著眼前欲言又止的諸葛瑾，顯然他不是為了討論祁山之役而來的，他不過是想借孔明北伐這個話題來說本國的北伐罷了。既然如此，陸伯言決心表明自己的態度。

「伯言可知孔明為何出師不利?」諸葛瑾的問話正中陸伯言下懷。他提起毛筆，在手中寫了一個字，當手掌張開，諸葛瑾看清楚原來是一個「急」字!

陸伯言認為孔明還是太著急了，其實北伐的時機並未成熟。孔明本人曾言，北伐的條件是:西和諸戎，南撫夷越，外結好孫權，內修政理，天下有變，則……率益州之眾出於秦川。可是這一年曹魏並未發生什麼內變，曹叡雖然年輕，四位輔政大臣曹真、曹休、陳群、司馬懿卻還算團結，國內民眾對曹魏的統治也沒有什麼大的抱怨。唯一算得上是個機會的一瞬間出現在去年的的冬季，曹魏境內發生了孟達叛亂，可惜當時諸葛亮的反應卻很微妙，結果孟達旋即被司馬懿斬殺，蜀漢也就失去了一個天賜良機。

無論是蜀漢、東吳，此時都不是北伐的好時候，老將韓當去年死了，他的兒子韓綜叛變投奔了曹魏，身為將門虎子，韓綜熟知東吳軍隊的作戰習慣，對於東吳來說，這是個很糟糕的事件。

以陸伯言的判斷，蜀漢與東吳發動北伐的機會還是有的，那就是曹真、曹休、陳群、司馬懿四個人之間的內訌，四個人之中，終究會有一個人打破權力的平衡。引起內訌。這是政治的常見現象，陸伯言對此毫無懷疑，唯一的不確定，只是在於:這個打破平衡的人會是誰?

陸伯言決定按兵不動，擺出一副純防禦姿態，這樣做有兩個好處。一是東吳可以在此期間休養生息，二是給曹魏造成一種太平無事的假相，避免了打草驚蛇。

陸伯言有足夠地耐心等待良機的到來，然而諸葛亮卻等不到，他報國心切、又有一種「歲月催人老」的焦慮感，於是他在此時發動了人生中的第一次北伐，結果是大大刺激了曹魏的神經，本來關係頗為微妙的曹真、曹休、陳群、司馬懿四個人空前的團結起來。這一次諸葛亮北伐，曹真在雍、涼扼守住了諸葛亮的西北出路，司馬懿則坐鎮荊州，堵塞了諸葛亮的東北出口，一左一右如同雙鬼拍門，諸葛亮完全沒有挪轉乾坤的空間，至於曹休則坐鎮東南提防孫權的突擊，陳群居中排程，合作無間，堪稱完美！

陸伯言分析得不錯，可是雖然如此，諸葛瑾也要說服他打一仗，這是無可奈何的使命，卻是諸葛瑾必須完成的使命。於是諸葛瑾重重嘆了一口氣：「伯言差矣！」

諸葛瑾說，陸伯言你的考慮雖然很周到細密，可是卻忽略了兩點，而這兩點恰是陸伯言繞不過去的難題。

聽諸葛瑾說得這麼玄乎，陸伯言倒真是想聽聽這所謂繞不過去的兩大疏漏究竟是什麼。

「首先是東邊的諸位將領。」

諸葛瑾所說的「東邊的諸位將領」指的是近年來在東線戰場上崛起的一批少壯派將領，代表人物如朱桓、全琮。朱桓此前在濡須擊退曹仁，已經名聲大噪，如今他的職位是奮武將軍、嘉興侯；全琮則在洞口之戰中隨同呂範，有相當不錯的表現，如今也算是後起之秀中的佼佼者，他的職位是綏南將軍、錢唐侯。

諸葛瑾告訴陸伯言，這些將領已經憋足了勁要與曹魏大戰一場，因為唯有在沙場上建功立業，才有進一步加官晉爵的可能。

諸葛瑾的意思是：朱、全等人都是汲汲於上進之人，若陸伯言堅持休養生息的策略，恐怕他們會有所不滿。

確實，對於武將而言，休養生息策略一旦成為定局，他們揚威沙場的機率也就會大大減少，獲取軍功以得名祿的機會將蕩然無存。所以他們一定會反對陸伯言的策略，這也是人之常情。

「我明白了，這是其一，那麼其二呢？」

諸葛瑾嘿嘿笑了兩聲，取過案几上的筆也在手掌心上寫了一個字，張開手掌，陸伯言倒吸一口冷氣，原來是一個「帝」字。

俗話說天無二日民無二主，自從秦始皇以來，中國土地上一直只有一位正統天子，可如今卻有了兩位，一位在洛陽，一位在成都，都以皇家正統自居。

面對這兩位天子，孫權太尷尬了，他的身分是次於皇帝之下的王，所謂「吳王」其實是諸侯王，然而他這位諸侯王奉誰為帝呢？北方的曹魏天子，早已經與他感情破裂，而西方的蜀漢天子，那位阿斗少爺，孫權會甘居其下麼？

所以孫權目下的想法，是要自己稱帝。這幾乎已經是江東的共識，可無人點破，諸葛瑾如今卻毫不掩飾地寫了下來。

陸伯言頓時明白了，孫權想要稱帝，就必須壯我國威、大張聲勢一番，而要做到這一點，最可靠的做法就是打一個鼓舞人心的勝仗，而且必須是很大的一個勝仗。

大破曹魏，然後在凱旋大軍的山呼萬歲聲中登基為帝，這就是孫仲謀的如意算盤。

原來如此，陸伯言微微閉上雙目，身為臣子，他無法拒絕這個理由。可是為了這個理由，值得將全盤計劃打亂麼？人生真的是很無奈啊，陸伯言如今很能體會諸葛亮出兵北伐時的心情：

「若是不出兵北伐，一定會有人在底下說我拖延時日、有負先主的臨終託孤！也罷，世上事也只有明知不能為而強為之。」

即便是智謀之士，有時候也不能完全按照自己的謀略行事啊！

77. 鄱陽來信

夷陵之戰後六年的夏天，魏國大司馬曹休收到了一尾鯉魚。這魚看上去無甚特別，可是有人卻跨越敵境為他專程送來，到底這魚有何奇妙之處呢？

「這是鄱陽之魚。」

鄱陽郡在孫權的統治之下，曹休的確已經很久沒有吃過吳地的魚了，記得當年在吳郡流連之時，陸伯言曾經請他吃過天下聞名的吳江鱸魚（晉人張翰有〈秋風歌〉：「秋風起兮，佳景時。吳江水兮，鱸正肥。」後人一般稱為松江鱸魚。），當時的曹休嘆為人間美味。

「若是攻下江東，就有蒓羹和鱸魚膾吃了！」

然而魚是從鄱陽來的，且不是鱸魚，而是鯉魚。

玄妙在魚的腹中，當鯉魚的肚子被剖開，曹休便發現了鯉魚的奧祕，原來魚中藏著一卷尺素書。

所謂尺素書，就是用白絹（古人稱白絹為素）寫成的書信。曹休打開尺素書，又發現白絹內捲著六頁紙，絹上與紙上都是密密麻麻的小字，合起來怎麼也得有千把字。

白絹上所寫是些拍馬屁的話，說什麼「唯明公君侯垂日月之光，照遠民之趣」，大意是說要棄暗投明，暗指東吳，明為曹魏，也就是要降曹的意思。

接著就是六張所謂「別紙」，第一張紙上的意思是說他誠心投降，希望曹休也能為他保密，不至於走漏消息，被孫權發覺。

第二張紙的內容引起了曹休的濃厚的興趣，寫信人在紙上透露了東吳近期的軍事部署：

東主頃者潛部分諸將，圖欲北進。呂範、孫韶等入淮，全琮、朱桓趨合肥，諸葛瑾、步騭、朱然到襄陽。陸議、潘璋等討梅敷。東主中營自掩石陽，別遣從孫奐治安陸城，修立邸閣，輦貲運糧，以為軍儲，又命諸葛亮進指關西，江邊諸將無覆在者，才留三千所兵守武昌耳。

這裡的「東主」顯然指的就是孫權，他說孫權有聯繫諸葛亮再次北伐的意圖，各路軍隊都在外積極準備，以至於武昌城內反而空虛了，區區只有三千兵留守而已。因此，他建議曹休引兵南下，鄱陽郡願意做內應云云。

其餘幾張紙，大概是說送信人是他的親信，絕對可靠。若曹休能南下，內外配合，必然獲得大勝，請曹休預備印信數百，分送鄱陽附近的部族酋長等等。

寫信之人叫周魴，現任東吳之鄱陽太守。

曹休很是心動，鄱陽郡不是一個普通的郡，它連線著荊、楊兩州，可以說是東吳柔軟的腹部。何況孫權此時定都武昌，一旦拿下此郡，便是切斷了孫權與江東大本營的聯繫。其中好處，實在是誘人得很。

可是曹休又很是擔心，當年曹操南下，就是中了黃蓋的詐降之計而兵敗烏林。如今周魴會不會故伎重演。

曹休手頭有幾份情報，都是關於周魴的。第一份說周魴擔任鄱陽太守之前曾經和吳將胡綜一同討伐叛軍，周魴的功勞大於胡綜，可是孫權卻偏袒胡綜（胡綜和朱然一樣，是孫權的同學），以至於事後封賞不公，周魴由此憤憤不平。第二份情報則說近半年來孫權頻繁派出郎官去鄱陽調查周魴所謂「辦事不利」的證據，周魴認為這是胡綜在孫權面前說了自己的壞話所致，更是惶恐不安。第三份情報透露的細節最為誇張。據言為了表明自己的無辜，周魴不惜割下自己的頭髮謝罪，可是東吳有關部門依舊不為所動，孫權的責問與調查更為嚴厲，周魴幾乎已經被逼到了懸崖邊上，退無可退。

曹休慢慢理出了頭緒：因為軍功賞罰不公而生恨，又因為遭受調查而生懼，怨恨與懼怕交織之下，周魴決定索性投降曹魏。

曹休有些相信周魴是真心投降了。聽說孫權用法嚴苛，看來不是什麼謠言。去年年底，東吳的名將韓當去世，他的兒子韓綜率領部眾投奔曹魏，當時也有許多人以為是詐降，打算不接受。也是曹休力排眾議，這才接受了他的投降。此後韓綜（胡綜一直到孫權死後的諸葛恪時代才被吳軍誅殺，諸葛恪為此特地帶著胡綜的首級到孫權廟報捷。）擔任曹魏的嚮導，屢次帶領魏軍深入吳境，頗有斬獲，聽說孫權為此咬牙切齒、痛恨不已，可見一斑。

在曹休看來，東吳並不是鐵板一塊，君臣同心的假象之下，隱藏著爭權鬥利的故事，孫權是個刻薄寡恩之人，他的江山分明是從兄長孫策手中得來的，可是據說他對孫策的遺腹子孫紹也很不體恤，至於孫策的三個女兒更被他當做政治聯姻、利益交換的籌碼。江東的賦稅更是不輕，聽說陸伯言、諸葛瑾等人頗有勸言，可是孫權只是隨口敷衍、根本不放在心上，於是百姓怨恨、起義頻仍。在這樣無情的統治之下，周魴選擇棄明投暗，實在是情理之中。

何況，周魴所在的鄱陽，屬於孫權的東線防區，負責之大將無非是呂範、全琮、朱桓，若是陸伯言在東線，曹休還真有幾分忌憚。然而呂範是曹休的手下敗將，至於全琮、朱桓，曹休更是嗤之以鼻。

「敵將弱小而愚蠢，又有周魴這樣的內應，我何懼之有？」曹休不禁洋洋得意起來。

時為曹魏太和二年，皇帝曹叡批准了曹休的作戰方案，魏軍三路南下，司馬懿兵團順著漢水而下，劍指江夏，這是一招虛兵，造成攻打東吳都城武昌的假象，引誘吳軍在武昌一帶集中；曹休兵團從合肥出發，南下尋陽（九江），這是實招，目的是接應鄱陽的周魴，如果形勢有利，就奪取鄱陽切斷東吳的中軸，若形勢不利，則迎接周魴及其部眾北上，也是一大收穫；此外，賈逵、滿寵兵團從西陽（今安徽桐城東北）東進，掩護、配合曹休的行動。

大軍出發之際，曹休將周魴的送信使者遣回鄱陽：「告訴你的主人，大魏已經為汝發兵，可做好準備，迎納大軍。」

這使者星夜趕回鄱陽，周魴立刻將這個消息急報孫權。這年的秋天，孫權親自進抵皖城前線，陸伯言已於此前率領他的兵團祕密進駐此地，與他會師的部隊分別是錢唐侯全琮的綏南軍和嘉興侯朱桓的奮武軍，各三萬人。

當時的場面頗為隆重，孫權親自宣布任命陸伯言為大都督，朱桓、全琮為左右督，並授予陸伯言皇帝專用的黃金之斧（黃鉞），表示將東吳全國包括禁衛軍在內的部隊之統御權託付給陸伯言（當然這只是儀式而已，陸伯言所能節制的他從荊州帶來的部隊以及朱桓、全琮的部隊）。

擅長煽情鋪陳的孫仲謀，很是莊重地拿起鞭子為陸伯言駕馭車馬（當然這也是儀式，孫權只是在空中揮舞了一下馬鞭而已。然而對於即將出征的大將而言，帝王為自己執鞭，的確是無上的榮耀）。

若干年後陸伯言的孫子、晉代文豪陸平原寫下了這樣的文字：「魏大司馬曹休侵我北鄙，乃假公黃鉞，統御六師及中軍禁衛而攝行王事，主上執鞭，百司屈膝。」

不過陸伯言的心中並未感到輕鬆，孫權如此重視這場戰役，實在令他心中不安。誠如諸葛瑾所言，這一戰是為孫權稱帝掃除障礙，具有獻禮的意思。然而孫權的舉動卻顯示出他對這一戰有一種不切實際的期待。

「這一戰大破曹休之後，也許中原的大門就會向我敞開了吧！」孫權有這樣的期待，可是陸伯言卻認為這不過是一場區域性的殲滅戰，即便能全殲曹休兵團，也難以改變三國鼎立的格局。

如果曹休被生擒或者戰死，曹魏的政局會往何處去呢？

四大臣中，正是因為曹真、曹休這一對宗室組合的存在，曹氏宗親才能與逐漸以強勢抬頭的司馬懿抗衡，倘若曹休戰死，資質只是中上而已的曹真大概會被司馬懿壓過一頭吧。這樣一來，司馬懿將會逐漸成為曹魏權力的核心，甚至一人獨斷。

陸伯言的期望，是曹真、曹休為首的宗室勢力與以司馬懿為首的外臣勢力發生內訌，這樣東吳、蜀漢就有了北伐的機會。如今一下子把最有鬥志的曹休打掉，究竟會對誰有利呢？

對於陸伯言而言，這一戰需要十分精準的拿捏，勝利固然是必須的，曹休兵團畢竟是近年來最有威脅的曹魏軍隊，陸伯言必須在這一戰中至少是重創曹休，然而重創不是殲滅，曹休應當能回到魏國，繼續坐在他那「大司馬」的位置上，與曹真箝制著司馬懿的上升。

正當陸伯言為自己的作戰目標而思慮之時，一名宦官進入了中軍大帳，說是吳王有請大都督去行在商議一件重要之事。

陸伯言所不知的是，就在方才，他的新部下朱桓拜見了孫權，提出了一個他認為極為完美的建議，朱桓甚至說如果採納這個方案，東吳便可以拿下壽春，奪取整個淮南，乃至威脅許昌、洛陽。

孫權召見陸伯言，正是為了討論「朱桓方案」的可行性。

78. 夾石之謀

周瑜的故鄉舒縣如今是吳、魏兩國的分界地，境內連綿不斷的山脈、曲折的山中路徑，堪稱險要之地。而吳兵北伐、魏軍南下，卻又非經此地不可，所以這又是一塊兵家必爭之地。

舒縣的北部有一條掛車河，兩邊群山挺拔、崖陡壁峭，所謂「兩山夾水為峽」，所以這裡被當地人稱為：「峽石」，流傳在外，慢慢地叫成了「夾石」。

「天險分吳魏，嚴關峽石通。屏藩阻淮水，得失係江東。草木騰兵氣，桑麻劃土風。低頭憐末路，爐炭擁曹公。」這是清代詩人詠嘆峽石之詩，說的就是這山、這水、這夾石小道的險要。

夾石在濡須口之西，朱桓坐鎮濡須抗魏，或許從軍士、行人口中、或者是親自考察，得知了這個夾石小道的存在。

「曹休不是什麼智勇雙全的名將，只不過因為宗室的身分才得到重用罷了。我猜想這一戰一定能擊敗曹休，而敗逃的路徑，必然是透過夾石、掛車，如果派出一萬人的部隊，用樹木、石塊將山口阻塞，一定能將曹休生擒活捉。我請求率領本部人馬，承擔切斷險要之責！」

朱桓興奮地向孫權陳述著自己的戰術，他的眼中閃著光，然而孫權似乎無動於衷。

「如果生擒曹休，我軍就能長驅直入，拿下壽春，割取淮南，逐漸向許昌、洛陽推進，這可是千載難逢的好機會啊，千萬不能錯過！」朱桓加強了措辭與語氣，孫權終於有了反應。

「好吧，讓寡人和伯言商量商量。」

看著朱桓怏怏退下的背影，孫權皺起了眉頭，朱桓是近幾年崛起的虎將，智勇雙全、忠義可嘉，特別是旺盛的進取心令孫權刮目相看。然而這種上位之心太過急躁的話，便最是容易犯下錯誤。就拿這位朱桓來說吧，且不論他的想法是否妥當，單就程序而言就十分不妥。孫權剛剛舉行了隆重的拜將儀式，將舉國軍事交付給陸伯言，分工也很明確，陸伯言是大都督，朱桓和全琮擔任副手，就算朱桓有奇計，也應該先向上司陸伯言稟告才是，而朱桓這傢伙居然直接跑到了自己這裡越級上報。

陸伯言是個慷慨大度之人，當初夷陵之戰，徐盛、潘璋等人都曾經有過越級上報的先例，孫權堅決壓下，拒絕干涉陸伯言的決策，這才有了火燒連營的大勝。事後孫權曾告誡陸伯言，對於屬下也應有威嚴的一面，這樣才能壓制住那些冒失鬼。然而陸伯言卻認為他們都是宿將、貴戚，表示自己願意做一會藺相如，孫權十分欣賞。

此一時彼一時，如今的陸伯言已經是名滿天下的儒帥，然而朱桓卻依舊選擇了越級建言，孫權深感其謬。不過細細一想，朱桓的建議似乎又頗有幾分道理，孫權唯有召來陸伯言一議。

然而陸伯言聽了孫權對朱桓方案的詳細介紹之後，居然一語不發。孫權忍不住發問：「究竟休穆（朱桓的字）所言是否可行，伯言為何不言？」

「抱歉，臣只是想起了劉玄德。」

「為什麼會想起劉玄德呢？」

「夷陵之役，劉玄德當初也以為陸議是無能之輩，只是因為妻子的關係才得以重用。」陸伯言說得極是淡然，但是孫權卻是一震，不錯，上陣作戰第一大忌便是想當然地藐視對手，當年劉備對陸伯言的藐視導致了夷陵之火，今日朱桓對曹休的判斷算不算也是一種盲目地藐視呢？

「那麼以伯言之見，曹休究竟有無才能？」

「至尊可知曹孟德在世之時，曾稱曹休為吾家千里駒？」

「也許曹孟德只是興之所至、隨口一說而已。」

陸伯言微微搖頭，文烈（曹休的字）可不是尋常之輩。

曹休見諸史冊的第一戰是在曹劉漢中大戰之時，當時劉備軍兵分兩路，吳蘭與曹軍正面相對峙，張飛則斜刺裡殺出，做出了切斷曹軍後路的態勢。這種棘手的形勢，令曹軍的主將曹洪很是頭痛，而他的參軍正是曹休。他告訴曹洪，如果張飛真的有意截斷曹軍後路，一定會伏兵潛行、悄悄地行軍，怎麼會如此大張旗鼓，生怕曹洪不知道。可見只是虛張聲勢而已，然而由此卻暴露出了劉備軍的虛弱，只要曹洪集中兵力擊敗吳蘭，張飛也一定會不戰而退。

曹洪出師之前，曹操就曾經告誡曹洪、曹休二人，雖然名義上曹洪是主帥，而曹休只是參軍，可是實際卻是曹休為帥，之所以讓曹洪主持，只是考慮到曹休太年輕又缺少實戰歷練而已。於是曹洪完全依照曹休的策略作戰，果然一舉擊潰吳蘭軍，張飛聽聞吳蘭戰敗，也連夜撤退，完全如曹休所料。

曹丕時代，曹休成為曹魏東南方面的主將，屢次作戰，幾乎是百戰百勝。孫權的整個東線防禦，數度被他洞穿。就在去年，曹休一度攻破皖城，斬殺了東吳的守將審德，韓當之子韓綜正是在這一戰之後率眾投降了曹休。曹休欠缺的只是一場能讓他名揚天下的大戰而已，或許這也正是朱桓小看他的原因，亦是曹休冒險南下的原因。

也許曹休並非第一流的大將，然而他並非朱桓所言：「只是因為宗室身分而受到重用」之人。如果身為君主的孫權和身為大都督的陸伯言也和朱桓一樣地小看敵人，那麼這一戰的結果就會完全不同。

其一，在東吳與曹魏的歷次大戰中，曹魏的兵力總是遠勝於東吳，其陸軍的作戰能力也遠勝於東吳的陸軍（曹休的兵團是步兵與騎兵的混成兵團，而陸伯言的兵團實際上是一支水軍陸戰隊）。所謂埋伏，本身就是要以多於敵軍數倍的兵力圍殲敵軍，而如今東吳的兵力並不多，在這個前提之下，如果再分割出一萬人去夾石，到時候很可能就不是吳軍圍攻曹休，而是曹軍圍攻陸伯言了。

（史書對陸伯言的總兵力並無明言，只記載了朱、全的兵力合計為六萬人，按陸伯言的部分兵力需要留守夷陵。估摸東吳此戰的總兵力在十萬左右，與曹休旗鼓相當，當無大謬。）

其二，曹休南下是客場作戰，深入敵境之時，就算再平庸的將帥也會提高警惕。任何蛛絲馬跡都會引起他們的猜忌，夾石這條路，不但朱桓知道，曹休也知道。一旦曹軍發現夾石附近有吳兵埋伏的跡象，曹休會做何想法？答案是必然打道回府，到時候「周魴斷髮」這一出大戲豈不是白唱了？

最後一條是無關軍事的理由，孫權之所以精心布置這一戰，誠如諸葛瑾向陸伯言通氣的那樣，是為了稱帝而戰。然而，作戰是容許冒險的。朱桓的建議並非沒有道理，只是需要冒一點風險而已，就好像賭博，朱桓這一把，不是大撈一把就是輸個精光，能大撈一把自然不錯，大家臉上都有光彩。可是空手而歸呢，孫權能容忍自己在一片慘淡寥落中登基麼？所以說到底，陸伯言可以採納朱桓的冒險方案，孫仲謀卻不能。

孫權是個聰明人，無需陸伯言點破，他已經明瞭於心，的確，赤壁一役，他可以賭一把，因為事關生死；夷陵一役，他也可以賭一把，因為事關興亡。但是這一戰，孫權不想賭、也不能賭，他要的是一場穩妥的勝利，為自己即將戴上的皇冠增添榮耀而已。

陸伯言也不想賭，因為他希望在這一戰之後，孫權能夠接受三國鼎立的現實，沉下心來好好地與民休息。至於戰場廝殺，歲月久遠，還有得是機會。

然而朱桓很是鬱悶，因為他所得到的答覆只是「不可」二字。孫權不會解釋其中緣由，陸伯言也沒這個義務。直到若干年之後，朱桓還常與同僚、部屬說起這件事：「若是當年至尊聽從了我的建議，如今我們已經坐在洛陽城頭喝酒了。」

全琮是聽得最多的人，然而城府頗深的錢唐侯只是笑笑，並不回答。

曹休自從領軍作戰以來，從未嘗過敗績。尤其是在對東吳的戰事中，他占盡上風。而陸伯言則是東吳的常勝將軍。這一戰可以說是魏、吳兩國軍神的較量，至於誰的成色更足一些，不妨拭目以待。

所以，全琮認為這場戰役的主角是陸伯言和曹休，至於自己和朱桓，不過是配角罷了。既然是配角，就該做好配角的活，無需搶戲。全琮不屑朱桓的搶戲，要搶就搶角色，總有一日戰役的主角會變，全琮希望將來的主角會是自己，而朱桓依舊會是配角、甚至龍套。

79. 曹家千里駒

曹休於太和二年的從合肥出發，南下皖城。時已夏末秋初，天氣漸漸轉涼，曹休在行至巢湖以西地面時又連逢驟雨，所謂「殘雲收夏暑，新雨帶秋嵐」，天氣涼爽了，似乎曹休的心情也隨之大爽。

然而這時他卻收到了一封來自友軍賈逵的信，信上說：「以往我軍南下，吳人都會把兵力集中於東關（濡須口）一線，可是這一次探馬卻告知我東關的守軍很少，可見孫權一定是把軍隊調到了皖城，請大司馬注意此事！」

曹休不屑地把書信扔在地上，他很不高興。皇帝的旨意分明是叫賈逵率領軍隊與自己會師，然後一起南下皖城，可是這位賈夫子卻一直拖拖拉拉，遲遲不與自己會合，如今又寫了這樣一封莫名其妙的信過來，無非是想讓曹休知難而退罷了。

「等戰事結束了，我一定參這小子一本，問他個遲延之罪！」

曹休與賈逵的關係不佳早已經不是個祕密，當年曹丕在位的時候，曾經打算授予賈逵「假節」也就是代表皇帝發號施令、統領一方的意思，可是卻被曹休阻止。

「賈逵的能力固然沒問題，可是他的性格不好，以他那樣的壞脾氣，很容易和上下級發生矛盾，所以不適合統領一方！」

曹丕採納了曹休的建議，可是這話也不知被哪個多嘴的傢伙傳到了賈逵的耳朵裡，從此兩人勢如水火不容。

在曹休看來，賈逵一定是嫉妒自己，害怕曹休立下更大戰功，所以危言聳聽。

不過還是有人提醒曹休：「雖然如此，吳人詭計多端，還是小心為好。」

這話曹休聽進去了，多年來他鎮守大魏國的東南邊陲，對孫權以及朱桓、全琮之流的路數太熟悉了。就連去皖城的這條路曹休也爛熟於心，就在不久前，他就曾南下皖城，斬下了吳將審德的首級後凱旋而歸。

身為大將，曹休知道地理的重要性。而在這條去皖城的路上，最險峻也最讓曹休印象深刻之處，莫非所謂夾石、掛車。

十四年前，即建安十九年，宿將張遼南下皖城，便發現了夾石的險峻，在此修築城壘。如今這座城壘已經被吳軍摧毀，但是舊址仍在，曹休每次行軍經過該地，都會在此稍事停留，憑弔古稀。張遼已經逝去六年了，可是他當年在逍遙津大破孫權的英雄事蹟，依舊常被人提起。

曹操說過：「生子當如孫仲謀！」他和他的兒子曹丕在孫權身上都沒有得到什麼好處，甚至有流言說曹丕的死一半也是被孫權氣的，可是一介武將張遼卻能打得孫權落荒而逃，實在是難能可貴。曹休的心中，最是仰慕這位張將軍。

如果周魴的投降是一個陷阱，目的在於誘導曹休南下，伏擊而破之。曹休認為孫權的部將們一定會說服他在夾石設下埋伏。

「說不定朱桓、全琮之流已經埋伏在夾石的山谷裡，若是真的如此，我就來個將計就計！」

曹休下令，大軍迂迴，從夾石東面的無疆口進入吳國領土，然後推進到夾石的南面，形成對夾石的攻擊態勢。

如果真的有伏兵在此，那麼曹休便可以打一場漂亮的反包圍戰了。

然而最終曹休是一無所獲，夾石空空如也。這樣一來，曹休完全相信周魴的投降是確有誠意了！

有人建議：「既然敵人沒有埋伏，不如留下一部分兵力守住夾石如何？」

曹休狠狠地一拍大腿，他正有此意，可是本該前來與他會師的賈逵兵團卻遲遲不來，曹休無意分割自己的兵力。於是大軍繼續前進，長驅直入，終於到達了皖城。

按照事先的聯絡方案，周魴這時候應該帶著鄱陽郡那些「棄暗投明」的義士們來與曹休會合，可是眼前哪裡有什麼「義軍」，只有堅固的城池與嚴陣以待的東吳大軍罷了。

「你上當了！」

當魏軍將士們明白自己的處境，曹休軍中開始出現恐慌情緒。此時最為鎮定自若的，倒是大司馬曹休本人。

「朱桓、全琮之流有什麼可怕的，他們的全部兵力加起來也不過五六萬人，我軍有步騎十萬之眾，足以制敵！」

然而這天的早晨，曹休卻在營帳裡收到了來自敵軍的一份小禮物，打開之後，原來是一盤切得很細的鱸魚膾。

使者傳達了大將的口信：「文烈（曹休的字）別來無恙，故人陸議在此等候多時矣！」

原來自己的對手不是朱桓、全琮，而是江東故人陸伯言，曹休潸然淚下，他終於明白自己的狀況了。本以為是個建功立業的好機會，臨到頭才發現原來是個杯具！不過曹休很快也想通了，事已至此，那就竭盡自己的智謀，與老朋友大戰一場吧！

時為西元 228 年的初秋，農曆八月，「初秋涼氣發，庭樹微銷落」，這是曹植的詩句。自從曹操死後，這位昔日的寵兒便成了過街的老鼠，魏國上下，人人以戒備懷疑的冷峻目光注視著他，即便是在大哥曹丕死後，曹植的生活也並沒有太大的改善，十二年中他如同游牧人般不停地改變自己的居住地，只是游牧人出於主動，而他完全是被動。這一年他被遷封到了雍丘。

某種程度上，曹休很是同情這位王兄，他們同樣都受到了曹操的垂青，只是曹休因為關係疏遠的緣故，反而得到了曹丕父子的器重，而曹植卻因為敏感的身分而倍受猜忌。

然而，這一戰如果戰敗的話，曹休的下場也許會比曹植更慘。

一念及此，曹休端起陸伯言送來的鱸魚膾大口大口地吞嚥，副將甚至來不及勸阻，萬一陸伯言在魚中下毒怎麼辦？

曹休大笑：「陸伯言豈是下毒之人，他的目的是在戰場上一舉打垮我。不過，我也有此意，當年他在夷陵打垮了劉備而名揚天下，如今我若是能擊潰陸伯言，呵呵呵！」

陸伯言登上皖城城頭，眼前的曹軍如潮水般退卻，一邊的朱桓目睹此狀，迫不及待地請戰：「倘若就這樣放縱曹休撤退，豈不是前功盡棄！末將願意出兵追擊。」

「你不了解曹休，以他的個性，斷不會就此認輸，而以他的智謀，也不會如此退兵。」

「那麼，就這樣眼看著曹休溜走？」

「當然不是，只是不能讓你孤軍追擊，而是三路並進！」

陸伯言升帳下令，朱桓、全琮從左右兩翼包抄，本部軍則取中路推進。《三國志》記載說：「（曹）休既覺知，恥見欺誘，自恃兵馬精多，遂交戰。遜自為中部，令硃桓、全琮為左右翼，三道俱進！」

這時，曹休正在高地上觀察從皖城中湧出來的東吳之兵，他們多為皮膚發紅乃至黝黑的南國人，個頭不高、腿腳粗壯、脾氣粗暴而急躁，正如前人所言：「吳兵銳甚，難與爭鋒。」

江東人自從項羽時代以來，從未欠缺勇氣和力氣，唯一的不足只是在騎戰的技巧而已。

曹休認為吳軍將要吃苦頭了，因為他在撤退之時於左右兩翼埋伏下了自己的精銳騎兵，當陸伯言的主力追逐到正在撤退中的曹休軍後方之時，兩路騎兵如猛虎般殺出，這是曹休軍團最精銳、彪悍、可怕的馬上殺手，曾經以虎豹騎的名義威行天下，即便是面對馬超的西涼鐵騎，他們也從未落於下風。這一支虎豹騎的人數不多，卻足以成為曹休破敵的奇兵。

這時東吳軍如雄鷹般展開自己的雙翼，左邊是嘉興侯朱桓的奮武軍，他們曾在濡須挫敗曹仁的入侵，右邊是錢唐侯全琮的綏南軍，他們曾在洞口伏擊魏軍，殺死了魏將尹盧。雖然這些部隊都是步兵，但在人數上遠遠超過了曹休的虎豹騎伏兵。

曹休立刻下令，正在撤退的曹魏主力軍反轉身殺向戰場，然而他們面對的是一面銅牆鐵壁，這便是陸伯言的西陵軍團，他們是夷陵大戰的勝利之師，自從追隨陸伯言以來，幾乎是百戰百勝，不知失敗為何物。第一次面對曹魏之軍，這支南國之師擺出了嚴密的防守陣型，長槍如林，箭矢如雨。

「你們這些膽小鬼，見了我軍就逃跑，現在居然還有臉回來？」

「豈有此理，爾等南蠻中了我家大司馬的伏擊還如此囂張，真是不知死活！」

「笑話，你們的伏兵已經被全部殲滅，恐怕曹休那廝已經逃走了，快點撒腿跑路找你的大司馬去吧！」

此時，陸伯言的鐵壁軍團突然分開了一條通道，如同打開了鬼怪之門，一群怪物被釋放出來，瘋狂地撲向曹魏的士兵。他們披頭散髮，甚至赤裸上身，露出猙獰的紋身，他們的臉上同樣畫著古怪的花紋，令他們的面目也如鬼怪野獸一般，他們手中的武器十分雜亂，斧頭是主流，其餘則是長短槍矛、弓弩棒槌之類。

這是陸伯言招募的山越與荊州武陵蠻的蠻越之師，雖然人數不多，可是因為他們怪異的裝束與詭異的出擊，一時令曹魏軍人們完全陷入了驚愕與恐慌之中。

「他們是人？是鬼？是獸？」

隨著這一波突擊，整個陸伯言軍團掩殺向曹休的軍陣，更令曹休陣腳大亂的是，此時朱桓、全琮的兩翼衝擊已經驅散了曹休的虎豹騎，他們無疑追逐那些騎兵（當然也追不上），而是從兩個側翼加入了中央戰場，這下曹休的軍團徹底崩潰了。

「撤退！」

這一會的撤退令真實無疑，曹休敗了，一敗塗地。

「曹休休走！」朱桓揮舞著手中的長槍，如同以往，他身先士卒、衝鋒陷陣，殺死了一大堆騎兵、步兵和弓箭手。他遠遠地望見了曹休的大司馬旗幟，他帶著自己的勇士們向那面旗幟的方向旋風般的衝刺。

「姓曹的，來個單打獨鬥！」

令朱桓遺憾的是曹休並不打算和他單挑，這位沮喪的大司馬被自己的衛兵簇擁著如煙一般遁逃了。他留下了差不多一萬具屍體，橫臥在此，成了這一戰的永恆見證人。

曹休心情沉重。他一手策劃的詐退誘敵之計完全破產，十萬曹魏軍從皖城城下一路潰退至一個叫做石亭的地方，這才勉強遏制住頹勢。曹休下令安營紮寨，組織防禦以抵擋追殺而來的東吳軍，一面收容離散的士兵。

陸伯言緊隨而至，但是沒有即刻攻營，而是在石亭附近駐紮下來。

「可惡！」

曹休咬牙切齒，到現在，他還沒有看見賈逵的增援部隊。曹休認為：正是賈逵的爽約，才使他獨自面對陸伯言的軍團，致使本來在人數上占絕對優勢的曹魏軍陷入絕境。

（當初曹魏三路並進，後來曹叡下令賈逵與曹休會合，所以成了二道並進。然而實際上司馬懿那一路也停止了前進，最終成了曹休孤軍深入。）

「準備紙筆，我要寫奏章彈劾賈逵！」怒氣沖沖的曹休對著幕僚大喊。幕僚小心翼翼地提醒他，眼下不是與賈逵算帳的時候，當務之急是想辦法從困境中全身而退。

曹休頹然坐下，不錯，他必須盡快振作起來，鼓舞士氣，重整軍隊，然後擊退陸伯言，從容撤退，這才是大將之道！

「一定要來一次漂亮的反擊才行！」曹休嘟囔著進入了夢鄉，自從聽信了周魴的謊言而南征以來，他的神經一直緊繃著未曾休息，真是太累了……

這一夜他似乎回到了從前，夢見了伯父曹操親切地誇讚他說：「這是我們曹家的千里駒啊！」

這真是諷刺啊，如今的曹休還能以千里駒自居麼？

80. 為君而舞

「哎呀！」

「不好，是吳軍來襲！」

半夜裡忽然有人歇斯底里地大喊，接著是廝殺聲與兵器撞擊之聲，不多時，整個曹魏軍大營都沸騰起來。

曹休被這喧鬧之聲驚醒，初始他以為真的吳軍夜襲，然而當他走出大將營帳，發現自己的將士們瘋狂地互相砍殺之時，曹休心中悚然，原來是營嘯。

大概是因為吃了敗仗的緣故，曹休的士兵們陷入了對死亡的恐慌。所謂日有所思夜有所夢，一些士卒做夢也在被東吳軍追殺，於是在錯愕之間突然夜驚，大喊敵軍來襲，甚至互相攻擊。一旦這種恐怖的情緒在營帳間傳播開，便成了所謂的營嘯。

一時之間，本為同袍的魏軍將士們互相砍殺儼然仇敵，說不清是清醒還是迷糊，整個營盤都失控了，連對長官的一貫敬畏也消失了，士卒殺伍長，伍長殺什長，乃至都伯、百人將都捲入了自我殘殺。

有仇報仇、有冤報怨，無論是不是真的夜驚，反正戰敗的話大家都會死，與其這樣，倒不如把這些素來欺壓善良的壞蛋惡棍軍官殺掉，這大概就是營嘯者的心理。

曹休看得毛骨悚然，倘若是東吳來襲，無非水來土掩兵來將擋，然而這樣的全軍失控，誰來抵擋？

折騰了一個時辰，這一場亂鬥才漸漸平息下去，清醒過來的曹魏軍士看到的是遍地的血腥，比起白天，更可悲的是死者都喪命於自己的同袍或是部下之手。

「大司馬，放棄營盤吧！」一名將領向曹操進言。

「為何？」曹休正要下令清理營帳內的死屍，然而登高望遠，看著在黎明的霧氣中漸漸推進而來的東吳大軍，曹休只覺萬事皆休。

「退吧！」

已經顧不上同僚和戰士們的屍首，就連軍營中大量的器械、糧草都放棄了，曹休下令全軍輕裝棄營奔逃。

這一會吳軍不再客氣，他們緊追不捨，曹休邊戰邊退，不知不覺已經到了夾石。當初朱桓的預言在此刻實現了，其實陸伯言在一定程度上還是採納了他的建議。一支吳軍搶在曹休之前截斷了夾石路口，曹休完全陷入了絕境。

直到此時為止，陸伯言的戰術可以說是完美實現，朱桓的建議是在大戰之前就分兵去夾石，而陸伯言的修正辦法是：在宛城擊潰曹休之後再分兵截斷夾石，這樣一來，既可以避免大戰時的兵力不足，又達到攔截曹休的目的。

然而此時夾石的背後卻出現了另一支曹魏軍，這便是遲到的賈逵兵團，其實賈逵並非真的延誤戰機，而是取得了魏帝曹叡的許可，取消與曹休的會師，而在西方待機。這也正是曹休久等援軍不至的真正原因。

賈逵的到來成了曹休的救命稻草，這支生力軍從吳軍的背後發起突擊，成功地奪回了夾石。曹休得救了，救他的是他最痛恨之人賈逵。

曹休並不領情，回到洛陽之後立刻上書彈劾賈逵拖延戰機，但是朝野輿論一致支持賈逵，在大多數人看來，曹休不但不感激救了他一命的賈逵反而上表彈劾，實在太過分。人人都讚揚賈逵的君子風度，而昔日的香餑餑曹休如今不值一提。雖然皇帝曹叡很厚道地原諒了曹休的過失，可是曹休很是糾結。這一年的九月，曾經的常勝將軍曹休在憤恨中死去，從此孫權少了一個眼中釘，而在曹魏這邊，四大臣輔政的平衡格局也被打破了，曹真的能力不足以制約司馬懿，權力的天平在悄悄傾斜，只是當時的人還不曾感覺到罷了。

至於東吳這邊，一場酣暢淋漓的大勝把全國人民的士氣都調動了起來，雖然未能生擒曹休，但這無疑是赤壁之戰以來東吳對曹魏的最大一次勝利（也是最後的一次）。陸伯言更是史上唯一力挫兩個強敵的大都督（周瑜對曹取勝，但西征益州的計畫夭折了；呂蒙成功擊敗了關羽，但對曹魏並無戰功；魯肅基本上沒什麼軍功。）

最歡欣鼓舞的自然是孫仲謀，他為陸伯言等人在武昌設下了盛大的慶功宴，興奮異常的孫權「脫翠帽以遺」陸伯言，所謂「翠帽」當然不是什麼翠綠的帽子，而是一頂以翠羽為飾的車蓋，通常這是皇家專享的待遇。

孫權下令舉杯痛飲，這一夜不必拘泥君臣之禮，一醉方休！

「哈哈，今天真是一個不尋常的日子啊！」孫權舉起酒杯一飲而盡，「二十年前公瑾在赤壁擊敗了不可一世的曹孟德，六年前伯言在夷陵擊敗了忘恩負義的劉玄德，如今伯言又在石亭討伐了侵擾我國的曹休……」

說著孫權離開自己的席位，邊歌邊舞起來：「大風起兮雲飛揚，威加海內兮歸故鄉，安得猛士兮守四方！」

這是當年漢高祖劉邦建成漢家基業後榮歸故里，在宴請家鄉的父老子弟的宴會上這般的歌舞。舞者慷慨激昂，聽者振奮不已。可是因為這是帝室之歌、劉邦之舞，一般士大夫是不敢僭越的。孫權的爵位只是吳王而已，按理是不能唱這首〈大風歌〉的，然而在今天這個場合、這種氣氛之下，孫權卻大大方方地唱了出來，這無疑是表達了自己即將稱帝的雄武之心。

孫權的歌與舞都值得讚嘆，然而按照漢末的禮節，將有一人接著他的步伐而舞，這就是所謂的「以舞相屬」。主人先行起舞，舞罷請一位賓客起舞，當年蔡邕遇赦還鄉，五原太守為其餞行，「酒酣，起舞屬邕」，結果書生氣十足的蔡邕不作回應，惹得這位太守大怒，當即兩人翻臉成仇，蔡邕不得不流亡吳地。

孫權會請誰起舞呢？自然是今天的主角陸伯言。

然而當孫權命陸伯言起舞之時，眾文武卻心裡犯起了嘀咕，因為孫權剛才吟誦了一首〈大風歌〉，身為臣子的陸伯言又該如何回應呢？

眾人目光聚集之下，陸伯言從容地離席起舞：

「天下非一人之天下，乃天下之天下也。同天下之利者，則得天下；擅天下之利者，則失天下。」

與孫權所誦不同，陸伯言所誦並非楚聲，而是齊人之語。說到底，就是姜子牙之語。火燒連營前夕的夜色如水之下，陸伯言在孫舒城的琴聲中吟誦了這一段話，如今他又在這個場合再度吟誦。

孫權聽懂了。

這正是孫權近來苦苦思索之處，自從兄長孫策打下江東這番基業以來，孫氏一直以漢室的臣子自居。當初赤壁之戰，周瑜也是以「曹操是漢賊而非漢相」一句話解決了孫權抵抗曹操的大義問題。可是如今，漢獻帝已經退位，北方的曹丕、西方的劉備都以正統皇帝自居，孫權又該如何自處呢？

陸伯言說得沒錯，天下非一人之天下，當然也就不是一姓的天下，劉家曾經得到天下，但如今他們已經失去了天下。那麼誰有資格得到天下呢？曹、劉、孫都有可能。

同天下之利者，則得天下。

姜子牙說得再明白不過，與天下人同利，孫權就能得到天下。這不是篡奪，也不是造反，而是大義所在。

在欣喜之餘，孫權也能體會到陸伯言的良苦用心，他這是在進言：爭奪天下並非完全是武力決定一切，得天下之心才是根本。雖然孫權不如劉備那樣擁有漢室宗親的光環，也不如曹氏父子那樣擁有中原雄厚的資本，但是孫權若能盡心經營南國，贏得江東的人心，未來也必能贏得天下人的心。

早些日子陸伯言一直在絮叨的「與民休息」，大概就是他所認為的贏得人心之舉吧！

正因為孫權聽懂了，所以他格外地激動。

一舞終了，孫權作出了一個更加令人吃驚的動作，他脫下了身上的裘衣，為陸伯言披上，「呵呵，這可是白鼯子裘，價值不菲！」孫權說著又有了新發現，原來陸伯言的腰帶太寒磣了，配不上這裘衣，也罷，好人做到底，孫權接著又解下了自己的御金校帶（一種皇家專用的金色腰帶）為陸伯言繫上。[03]

群臣寂然，莫不眼熱！

這一次陸伯言自然是大醉了，孫仲謀下令用皇家羅蓋送他回去：「哈哈，若是舒兒那妮子看見自己的夫君如此榮耀，一定會高興壞了！」

這是西元 228 年的秋天，陸伯言回西陵的時候，孫權下令滿朝公卿都去為他送行。在江邊，停著一艘御船，不消說，這也是孫權為陸伯言特別準備的驚喜。

說實在的，孫權的過分殷勤幾乎令陸伯言快受不了了。然而孫仲謀與陸伯言關係最為融洽的時光大概也就在於此了。很短暫，僅此而已。

[03] 史料中稱這種腰帶為「鉤絡帶」，用鉤子聯繫，可作寬緊兩三層，寬緊隨意，類似於今天我們所用的皮帶。

81. 吳丞相之選

石亭之戰直接導致了兩個結果，一是諸葛亮的二次北伐，一是孫權的稱帝。

「我們在石亭僥倖地擊敗了曹休，作為盟友，特此向貴國通報！」

在蜀漢方面看來，這幾乎就是一種得意的炫耀，因為蜀漢的第一次北伐是以街亭的慘敗而告終的，諸葛亮為此斬殺了自己的愛將，並自貶三級，以右將軍身分代理丞相。

對於諸葛亮來說，東吳在石亭輕鬆地擊潰了曹休的十萬大軍，這個消息既是一種刺激，也是一種莫大的鼓舞。陸伯言能做到的事，為何諸葛孔明就不能做到呢？

於是在石亭之戰結束後四個月，即這一年的隆冬十二月，諸葛亮兵出散關，直指陳倉。在這裡，他的對手既非曹真，也不是司馬懿，而是名不見經傳的山西漢子郝昭。諸葛亮本以為這一戰可以輕鬆搞定，可結果是「晝夜相攻拒二十餘日」，而這時曹魏援軍趕到，無計可施的諸葛亮只能撤退。

不過孔明的二次北伐也並非空手而歸，撤退途中他們斬殺了前來追擊的魏將王雙。曹魏有兩個王雙，一個在東線，是曹仁的部下，幾年前被朱桓生擒活捉，帶回東吳斬首。另一個便是這個西線王雙，兩個王雙都資質一般，然而《三國演義》卻把西線的王雙吹噓成了英雄無雙：

王雙、張嶷二將交馬，大戰數合，不分勝負。雙詐敗便走，嶷隨後趕來。王平見張嶷中計，忙叫：「休趕！」嶷急回馬時，王雙流星早到，正中其背。嶷伏於鞍上，雙便趕來。王平、廖化截住，救了張嶷回陣。王雙驅兵大殺一場，蜀兵折傷甚多。嶷吐血數口，回見孔明，說：「王雙英雄無敵！」

——《三國演義第98回　追漢軍王雙受誅》

事實是當時張嶷在今四川西昌衛星發射中心一帶做越嶲太守，整整十五年都不曾離開。怎麼可能飛越千里出現在陳倉和王雙大戰，並被打得「吐血數口」。

其實羅貫中沒必要渲染此事，諸葛亮有比殺王雙更拿得出手的成績，第二年春天他攻克了曹魏的武都、陰平兩郡，也正是因為這份功績，諸葛亮恢復了丞相職務。

蜀漢的事暫且不提，回過頭來說東吳，石亭之戰後，武昌、夏口陸續報出了所謂「祥瑞之兆」，爆料人言之鑿鑿地聲稱，他們確實看到了「黃龍、鳳凰」。

與此同時，一首流傳已久的童謠重新被提起：

黃金車、班蘭耳、開閶門、出天子。

閶門是吳郡城的西門，據說是春秋時期吳王闔閭所造。這首童謠的意思是說吳郡會出一位天子，會是誰呢？自然是孫仲謀。

孫權手下有一位叫胡綜的臣子，雖然是武將，卻擅長寫詞藻華麗的文賦。這一次他獻上了一篇〈黃龍大牙〉的長賦：

乾坤肇立，三才是生。狼弧垂象，實唯兵精。聖人觀法，是效是營。始作器械，爰求厥成。黃、農創代，拓定皇基，上順天心，下息民災。高辛誅共，舜征有苗。啟有甘師，湯有鳴條。周之牧野，漢之垓下。靡不由兵，克定厥緒。明明大吳，實天生德。神武是經，唯皇之極。乃自在昔，黃、虞是祖。越曆五代，繼世在下。應期受命，發跡南土。將恢大繇，革我區夏。乃律天時，制為神軍。取象太一，五將三門。疾則如電，遲則如雲。進止有度，約而不煩。四靈既布，黃龍處中。周制日月，實曰太常。桀然特立，六軍所望。仙人在上，鑑觀四方。神實使之，為國休祥。軍欲轉向，黃龍先移。金鼓不鳴，寂然變施。暗謨若神，可謂祕奇。在昔周室，赤烏銜書。今也大吳，黃龍吐符。合契河洛，動與道俱。天讚人和，僉曰唯休。

囉囉嗦嗦寫了這麼多話，其實意思無非一句話：「黃龍出現了，大吳當有天下！」也就是老天爺已經選擇了孫權做天子，只有孫仲謀可以拯救生活在水深火熱中的中原百姓。

石亭之戰後第十個月，即西元229年的夏天，農曆四月十三，四十八歲的孫權在武昌加冕，正式坐上皇帝寶座，他的年號就叫做黃龍。

隨即是大規模的封賞與追尊，首先是孫氏：

孫堅：追尊「武烈皇帝」；

孫策：追尊「長沙桓王」（孫策之子孫紹封為吳侯）；

孫登：冊立為皇太子。

接著是文臣武將，文臣以顧雍為首，他本來是吳王國的丞相，如今順理成章當上了吳帝國的丞相。

武將以陸伯言為首，本來漢朝軍制，最高軍職是「大將軍」，如今孫權在大將軍之前加了一個「上」字，意思是「在大將軍之上」。所以陸伯言其實是整個東吳帝國的最高軍事長官。

陸伯言以下，依次提拔，諸葛瑾出任大將軍，步出任驃騎將軍，孫權的老同學朱然出任車騎將軍，在石亭之戰中建功的朱桓出任前將軍，全琮出任衛將軍，在越南立下奇功的呂岱任鎮南將軍、交州刺史，孫權的愛將潘璋出任右將軍。寫了〈黃龍大牙〉的胡綜則出任右領軍。

提拔了一大堆人，唯獨沒有一個人的名字，那便是張老夫子、當年把孫權扶上馬的張昭。

「也許是忘了吧，我該提醒他一下！」張老夫子很是鬱悶。是孫權不小心遺漏了嗎？不，孫權是故意的！在稱帝後的盛大典禮上，張昭找到了提醒孫權的機會。當時孫權說：

「朕之所以有今天，多虧了一個人！」

張昭想：這個人遠在天邊近在眼前，不就是我麼？他挺起了胸膛……然而孫權卻抹著眼淚說：「是周公瑾啊！」

你懷念周瑜沒錯，可是當年輔佐你的人可不僅僅是周瑜，外事不決問周郎，內事不決問張昭，你既然提到了周瑜也該說說我才是！

張昭舉起了手中的笏，正想說點什麼。孫權卻對他說話了，然而他的話卻如迎面一桶冰水般將張昭澆了個透心涼。

「當年如果聽了張公的話，說不定朕如今在街頭做乞丐呢！」

聽上去好像是在和張昭開玩笑，可是張昭聽在耳朵裡卻是電閃雷鳴。據《三國志》記載，時已七十有餘的張老夫子的反應是「大慚，伏地流汗。」

「看來這小子真的是拋棄老夫了！」回到家中，張昭苦笑不已。

「父親何不以年老體衰為由，請求辭去官職，試探至尊的反應如何？」張昭的大兒子張承為他出了這個主意，他是諸葛瑾的女婿，時任奮威將軍。

張昭覺得這個主意不錯，數日後他便提出了辭呈。結果又是更大的打擊，孫權毫不猶豫地批准，給張昭的新職務是：輔吳將軍、副丞相待遇（班亞三司）、改封婁侯。

雖說是輔吳將軍，手下一個兵也沒有；享受著副丞相待遇，卻沒有任何實權，張昭實際上已經是光榮退休了。

其實，孫權對張昭的決絕早有預兆。當初他被曹丕封為吳王，挑選丞相人選之際，很多人提出了張昭的名字，然而孫權卻置之不理，啟用了默默無聞的孫邵（來自北方，與孫權不是一家人）。

對此，孫權解釋說：「為什麼不讓張老夫子做丞相呢？因為丞相是一份很繁重的工作，不適合張老夫子。」

孫邵短壽早死，群臣再推薦張昭，孫權依舊不加理睬，而是提拔了嚴肅方正、沉默寡言的顧夫子顧雍。

「其實我不是不想用張子布，只是領丞相事煩，而這位張老夫子脾氣太火爆，一旦所言不從，就跟我瞪眼珠子、發脾氣甚至甩袖子，這誰能受得了啊！」

孫權這會說的倒是句大實話。張老夫子已經不止一次給孫權難堪了，記得前一年孫權在武昌的釣臺宴請群臣，喝到後半晌，不少大臣已經不勝酒力，面紅耳赤地趴在案几上告饒。

「實在是不能再喝了，主公饒了臣吧！」

孫權也是喝多了，拍著案几大喝：「什麼話，孤還沒盡興呢！」叫侍衛打來一桶水，挨個往大臣臉上灑水。那些臣子的紅臉被冷水一激，紛紛都清醒過來。

「哈哈，再倒酒，我們君臣來個徹夜長飲，喝到大家都醉翻在這釣臺上，這才好呢！」

一片狼藉中，只有張昭正襟危坐。孫權醉眼惺忪地瞧著老夫子：「嘿嘿，子布先生，咱喝一個！」

張昭其實早就看不慣孫權的胡天酒地了，只是勉強忍耐罷了。此時終於忍無可忍，他猛然起身，推開自己面前的案几便走了出去。

登時場中一片寂靜，好些大臣的酒一下子就醒了。孫權很是尷尬地瞧著張昭遠去的背影，張了張嘴卻不知該說什麼。

「可惡！」孫權的心中有一個惡魔般的聲音在叫囂，孫權按下了手中的劍。

曾經有一個叫虞翻的謀士也在酒席上頂撞了孫仲謀，當時孫權的第一反應便是拔出了佩劍，藉著酒性要殺虞翻。幸虧其他大臣的救護阻攔才避免了悲劇的發生，然而倒楣的虞翻最終也被打發去了交州（越南）。

然而這一回觸怒孫權的人卻是張昭。孫權憋了許久，終於鬆開了手中的劍，讓侍從看看張昭去了哪裡？

侍從出去溜了一圈回來報告說：「張長史坐在自家車子裡生悶氣呢！」

「哈哈，這老夫子一定是生我的氣了。把他叫回來吧，我對他賠不是。」話雖如此，孫權的臉色卻很難看。

不一會張昭回來了，鬍子一翹一翹，顯然氣還沒消。孫權只得給他賠笑，說大家坐在一起開開心心，張公又何來無名之火呢？

張昭也不含糊，當下就搶白了孫權一句，他說當年商紂王搞酒池肉林那一套的時候，也不過是想尋開心而已。

嘿，這是把孫權比喻為商末暴君、自古以來最臭名昭彰的亡國之君商紂王啊！孫權聽了臉一下子就綠了。

「可惡至極！」孫權心中的惡魔之聲又來了。

張昭啊張昭，在這江東的文臣之中，我孫權最尊敬的就是你，簡直可以說是把你當菩薩供著，可你是真不給咱面子啊！

於是這一場盛宴不歡而散。

在孫權的記憶中，諸如此類的事還真是不少。試問哪位皇帝會把這樣一個固執的老夫子任命為丞相呢？那豈不是自己討罵！

於是孫權選擇了顧雍，這顧雍也是個夫子性格，可是他有一點好，即便不同意你孫權的意見，他也不會和你硬來，而是委婉的勸阻。顧夫子還有一個張昭赤腳也趕不上的優點，那就是低調。凡有建議，一定密封奏章報告，有了成績便歸功於孫權，對於自己的功勞，幾乎一字不提。這種情況，若是張昭，一定會大叫大嚷，生怕別人不知道自己的能耐。

這就是張昭與顧雍的不同，也是孫權選擇顧雍做丞相的最根本原因。至於張夫子，孫權現在只有唯一的要求，那就是請他閉嘴。

回家讀讀書、修身養性、研究學問，豈不是很好？

不久，張昭真的閉門讀起書來，據說他最喜歡讀的是《春秋》和《論語》，若干年後，他寫了兩本儒學著作，一本叫《春秋左氏傳解》，一本叫《論語注》。孫權特地派人去抄了兩本給太子孫登讀：「嘿嘿，這是張老夫子的著作，好好看看！」

在孫權看來，專心著作的張昭真是比喋喋不休的張昭可愛多了。

82. 孫大虎的夫婿

黃龍元年的夏天，某一日在武昌的宮殿裡，孫權突然想起了一件事，他問呂一：「對於朕處置張昭一事，外面可有什麼說道？」

呂一是最近頗得孫權信賴的紅人。他的出身毫無可誇耀之處，與江東本土的顧陸朱張毫無聯繫，跟外來戶出身的呂蒙、呂範也沒什麼瓜葛，純就是一無依無靠之人。說實在也沒有什麼經天緯地之才，唯一的優點是對孫權的絕對忠誠。

外面那些大將、重臣，自然也整日裡把忠誠掛在嘴邊，可是這忠誠不是絕對的。那些大將都有自己的部曲，所謂擁兵自重，他們與孫權與其說是一種君臣關係，倒不是說是武林盟主與群豪的關係，一旦不爽，他們便會為了自己的利益抗拒，輕者消極怠工、重者甚至北投曹魏，譬如韓當的兒子韓綜；而那些士族大臣們呢，雖然沒有兵，可是幾十年的人脈根基，就好像盤根錯節的大樹，孫權也是憾不動、惹不起。

就好像張昭，孫權不喜歡張昭，可以不用張昭，可是他不能完全冷遇張昭的張氏家族。張昭的長子張承，孫權任命他做長沙西部都尉，不久前提拔為奮威將軍。張昭的次子張休，如今就在太子孫登的身邊，擔任中庶子（太子侍從官）。

聽說張承娶了諸葛瑾的女兒，兩家的關係不尋常啊！

呂一微笑，說陛下對張昭可謂仁至義盡，朝野文武都盛讚陛下的厚道。

孫權大笑，他知道呂一有拍馬屁的嫌疑，可是這種話是在張昭、顧雍、陸伯言那裡聽不到的，說實在的，這話聽起來很受用。

「然而，有一件事，似乎有一些小小的議論……」

「說吧，何必吞吞吐吐。」

「是關於吳侯的。」

孫權登時打了一個激靈，呂一應該是覺察了他的反應，立刻收聲不語。

「說！」

「是，有人在私下議論說，陛下既然封兄長為長沙王，那麼子承父爵，孫紹應該是封長沙王才對，為什麼才封了個吳侯呢？」

「赫赫，說得也是，還有呢？」

「還有人議論說，陛下封自己的幾個兒子都當了王，可是給姪兒的封爵只是一個侯爵，未免……」

「嘿嘿，應該是說未免太刻薄了！」

孫權想：終於要面對這個問題了。

當年兄長孫策打下了江東基業，倘若不是在丹徒遇刺，這基業便是兄長一脈的。說起來，孫權只是因為風雲際遇才接替了兄長的基業，成了這江東的主人，如今更成了大吳的皇帝。

呂一的話可能只是說了一半，在兄長的舊部眼裡，孫權豈止是對姪兒薄情，對自己的兄長孫策也太刻薄了吧！孫權應該追尊孫策為帝，而不是什麼「長沙桓王」！

兄長的舊部：程普、韓當、太史慈還有孫權最難以忘懷的周瑜，都已經不在了。可是孫權又怎能忘卻當日對周瑜所許的諾言呢？

「我只是暫為託管兄長的基業罷了。」

這話的潛臺詞是等待孫紹長大之後，就把孫權從兄長手中得到的東西還給他。二十多年前，孫權的確是這樣想的。

然而，如今……

「朕問心無愧，朕已經兌現了諾言！」

孫權可以這麼說，因為當初他從兄長孫策那裡所繼承的正是吳侯的爵位，如今他封孫紹為吳侯，不正是把他父親的東西又還給他了麼？

至於這大吳江山，是誰打下的？是孫仲謀，不是孫伯符！

可是，這一番說辭，孫權能自安麼？

能嗎？不能嗎？

孫權感覺自己快要崩潰了，明智地抉擇是趕快轉移話題，他問呂一：「那麼，這些話出自何人之口呢？」

「據傳是來自荊州……」

呂一不敢再說下去了，孫權也明白他之所以不敢說下去的原因，眼下在荊州有兩位重臣，一是大將軍諸葛瑾，一是上大將軍陸伯言，這兩位都是孫權最器重的將領，尤其是陸伯言。

不過……

孫權突然想到：也許問題正出在他對這二人的太過器重上。諸葛瑾是個百搭，似乎跟誰的關係都不錯。張昭跟他結成了兒女親家，陸伯言與他又是哥兒們。然而諸葛瑾畢竟是個老實人，不會惹事！

孫權猛然一驚，真是莫大的諷刺啊！當年因為要鞏固與陸伯言的信任，果斷地把兄長的女兒孫舒城嫁給了陸伯言，又把孫舒城的兩個妹妹分別嫁給了顧家和朱家的俊傑，如今不知不覺間他們都似乎成了姪兒孫紹的幕後同情者。

當今東吳的兩大支柱：手握東吳兵權的陸伯言是兄長的女婿，而主持政務的丞相顧雍呢，他的愛子顧邵也是兄長的女婿。最可嘆的是，當初正是孫權自己的主意，決定了這兩起政治聯姻。

孫權自己的兩個女兒，大虎嫁給了周瑜的兒子周循，結果那周循沒有繼承到老父的聰明才智，卻繼承了老父的短壽，年紀輕輕居然一命嗚呼，搞得大虎年紀輕輕就成了寡婦。至於小虎，嫁給了吳郡朱氏的青年才俊、朱桓的同族朱據。朱據倒是活蹦亂跳，可是資歷還淺，不足以依靠。

「大虎啊，有沒有適合她的佳婿呢？」孫權似乎是在自言自語，似乎又是在詢問呂一。

「小臣以為，全將軍倒是個不錯的人選……」

「全琮麼？」

孫權沉吟起來，是啊，這一次石亭之戰，陸伯言之下，功勞最大的就數朱桓和全琮二人。朱桓是個火暴脾氣、想到什麼就說什麼的人物，倒是這個全琮，頗有些深度。

當年呂蒙奇襲關羽一役，除了呂蒙本人之外，有兩個人可以說是「英雄所見略同」，一個是陸伯言，另一個便是這全琮。

全琮今年剛好三十歲，與大虎的年紀倒是很般配哦！

孫權竊喜。

83. 武昌調令

黃龍元年的秋天，準確的說是孫權稱帝後五個月，鎮守夷陵的上大將軍陸伯言突然接到了一道口諭，原來孫權覺得還是建業比較適合做帝國的首都。

「當年秦始皇東巡路過金陵，曾言金陵有王氣，秦始皇為此下令掘斷金陵山阜以洩王氣。張紘、劉備都曾勸朕建都金陵。朕思慮再三，還是遷都金陵為佳。」

金陵就是建業（今江蘇南京），孫權說為了節儉考慮，不興建任何宮殿，一切因陋就簡。這話倒是很合陸伯言的胃口。

其實聖旨的重點不是講遷都，而是關於陸伯言。孫權不打算讓陸伯言在夷陵呆了，他說武昌雖然不再是首都，可是地位十分重要，他打算留下太子孫登鎮守。

「登兒年少，恐怕不能勝任。所以請伯言輔佐，未來西部之事，一以委君！」

孫權的安排，是調任陸伯言去武昌，總負責荊州及豫章三郡事（轄區包括今之湖北、湖南、江西三省，幾乎是半個東吳）、董督軍國。

那麼誰來接替陸伯言鎮守夷陵呢？陸伯言本以為是諸葛瑾，可是結果卻是驃騎將軍步鷲，夷陵也改名為西陵。

是調虎離山麼？

不知為何，陸伯言突然有這種奇異的感覺。就連夷陵的名字也要被抹去，這未免有點怪怪的。

「步夫人如今在宮中可是如日中天。」孫舒城抱著抗兒說，「這一次陛下本來是要冊立她做皇后的，不過眾大臣卻一致力挺徐夫人，結果是一個都不封。可是在宮中，聽說那些宮女都稱步夫人為皇后。所以步鷺如今也算半個國舅呢！」

女人到了這個歲數，大抵有些八卦。即便聰慧卓立如孫舒城，如今也對宮廷中的各種事熱心起來。不久前她得了個機會去了一趟宮廷，回來便跟陸伯言說了一堆宮廷八卦。

除了宮廷八卦，孫舒城還說了一件異事，她說她在武昌一帶聽到了如下的流言，說是有人在私下議論：孫權既然封兄長孫策為長沙王，那麼子承父爵，孫策之子孫紹應該也是長沙王，然而只是封了個吳侯，未免有些刻薄。

因為事關自己的弟弟，孫舒城格外關心此事。更詭異的是，這些流言據說出自荊州，具體說就是江陵和夷陵一帶。可是孫舒城回到夷陵之後，卻發現根本就沒有此類流言。也就是說，有人編造了這類謠言，嫁禍於荊州。

「原來如此！」

雖然不知道是何人在幕後作怪，但是很顯然，孫權已經聽聞了這個謠言，所以才會徵調陸伯言去武昌，名義為輔佐太子孫登，其實是讓孫登監視陸伯言罷了。

所謂功高蓋主，不得不防，這便是陸伯言眼下真實的處境。

「另外，大虎再嫁了，這一會的對象是衛將軍全琮。」

石亭之戰期間，全琮短暫地做了一回陸伯言的部下。在陸伯言的印象中，他是一個與朱桓完全不同性格的人，聽說朱桓至今還在為陸伯言沒有完全採納他的計策而憤憤不平，可是陸伯言卻並不討厭朱桓這個人。

打個比方，朱桓是火一樣的人，火爆脾氣的他甚至一言不合就會與人動手，可是他的一言一行、心中謀劃，都會從臉上流露、從口中說出來，所謂明火易防，朱桓便是這樣的人。而全琮就不一樣了，他的性格如水，而且是深潭之水，縱然水下藏龍，水面也是平靜如常，叫人難以提防。

看來孫權也發現了全琮的這個特點，而且非常欣賞這個特點，所以才會將新寡的女兒大虎嫁給他。

暗流湧動！

從夷陵到武昌，陸伯言似乎看到了自己的前路，然而他無可推辭，唯有前行。

那麼，他將要輔佐的太子孫登又是何許人物呢？

孫登字子高，是孫權的長子，然而他的生母既非元配謝夫人，也不是其後得寵的徐夫人和步夫人，而是一名地位卑微的宮女。當初孫權也許是無心插柳，誰料柳竟成蔭。深受寵愛的幾位夫人毫無動靜，這位宮女卻為他生下了一個兒子。

不知什麼原因，這位宮女並未母因子貴，後人甚至不知她生甚名誰，不知她何時去世。有人認為此處可見孫仲謀的無情，或許的確是如此，對於自己的元配謝夫人，我們已經見識了他的無情，遠不如曹操對元配丁夫人的有情有義。對於這位為自己生下兒子的宮女，孫仲謀再次露出了刻薄寡恩的一面。

撫養孫登長大的女人是徐夫人，她曾是陸氏族人陸尚之妻，陸尚死後入了孫仲謀的後宮。若干年前，她是如此得寵，以至於孫權想要讓元配謝夫人屈居其下，惹出了一場不大不小的風波，結果是謝夫人鬱鬱而終，這位徐夫人也似受了命運的詛咒一般，很快失去了孫權的歡心。

孫權受封吳王及稱帝，皆大歡喜的表面文章之下，有兩個人氣鬱不平，一個是當不上丞相的張昭，另一個邊便是當不上皇后的徐夫人。雖然有司屢次請求冊立徐氏為后，孫仲謀卻總是猶豫不決。

「他想立那個女人。」

所謂的「那個女人」便是步夫人，為孫權生下了一對姐妹花的女子。

徐氏和步氏可以說是性格迥異、完全不同的兩種女人，徐氏是喜怒形諸於色的那種明朗女子，即便是結過一次婚，她的情感依舊是如此濃烈，愛孫權、恨孫權，都毫無掩飾。尤其是女人的嫉妒之心，女人在嫉妒中沒有解藥。然而在這危機四伏的宮廷，徐夫人的嫉妒之心導致了悲劇。她忘了自己如今不是在普通的士大夫人家當妻子，而是在素有「女人的戰場」之稱的後宮，面對的是一場你死我活的「女人的戰爭」。

也許之前的婚姻給了徐氏一種錯覺，前夫陸尚專情於她，至死不渝。可如今孫仲謀卻不是這樣的男人，謝夫人的遭遇本應給徐氏一個警醒的提示，但顯然她沒有注意到這一點。

於是徐氏在慘烈的爭寵大戰中敗下陣來，敗得一敗塗地。孫權遷都武昌時，把她留在了吳；而如今孫權又從武昌遷都建業，徐氏卻依舊在吳。

十年過去了，美人凋零，花容不再。孫權甚至已經忘卻了還有徐夫人這樣一個女人，忘了曾經的肌膚相親與熾熱情愛，忘得乾乾淨淨。

然而孫登不曾忘卻，生母已經不在了，他希望養母能得到安慰。當孫權冊立他為太子時，孫登請求老父：「既然父皇垂愛小兒，何不先立慈母為皇后，再立小兒為太子不遲！」

孫權有些丈二和尚摸不著頭緒，他的記憶中孫登的母親已經死了，又何來「慈母」？於是孫權問：「卿母安在？」

「在吳。」

《三國志》記載說，孫權的反應是「默然」。是的，這時他已經想起了徐氏，那個女人啊！孫權沉默了，這種沉默不是默許，而是無聲的拒絕。

「還是談談你的師傅們吧！」最終孫權轉移了話題。

在這個問題上，孫權可謂用心良苦，孫登的身邊，有諸葛瑾的兒子諸葛恪、張昭的小兒子張休、顧雍的孫子顧譚、陳武的兒子陳表。老師是張昭，只不過教學是間接的，張昭先把教學內容講給張休，然後張休再傳達給孫登。

如今陸伯言也來了，他是東吳最近十年中最功名顯赫的軍神級人物，也是三國將帥中唯一能重創兩大強敵的大將，孫登對此人嚮往已久。

然而，以兩人的個性，又是否能相處融洽呢？

第十一章 黃龍崛起

石亭之戰的時候，朱桓提出了一個大膽的建議，說是可以奪取淮南、威脅許昌云云，陸伯言否決了這個建議，我也有同感。中原的曹魏、巴蜀的劉禪與江東的我，這三極猶如大鼎的三足，恐怕數十年內是不會有大的改變了。

其實我倒是在想：既然陸地上難以拓展，何不向海上尋找機會呢？遼東的公孫淵派來了使臣，海邊居民關於夷洲、亶洲的傳聞也讓我心動，何不試試呢？

始料未及的是，朝野群臣，無論是張昭、虞翻，還是顧雍、陸伯言，一片反對之聲，令我很是困擾。

然而，無論你們怎麼反對，我還是要試一試。

——孫仲謀的獨白

84. 東海遠征

「從前秦始皇帝派遣方士徐福帶著數千童男童女入海求蓬萊神山及仙藥，然而蓬萊飄渺不可得，卻發現了一個史書從未記載的所在，叫做亶洲。」

與會稽太守的一番閒談，勾起了孫權對海外的興趣，他問太守：亶洲距離曹魏統治下的青州近一些，還是距離會稽更近一些。

「臣不知。不過會稽郡的東部海邊，經常有亶洲的船隻前來貿易。至於會稽本郡的漁船，偶然也有被海風吹到亶洲去。」

孫權頻頻點頭，他的心中已經有了判斷，既然亶洲的船隻能行駛到會稽前來貿易，說明亶洲距離會稽並不遠。他們能來得，我們也就能去得。聽說亶洲有數萬人家，相當於華夏的一個中小規模的郡。對於人口缺乏的東吳來說，吸引力不小。

「除了亶洲之外，會稽海外還有夷洲。據言在會稽郡東南數千里的大海中，島上有山脈縱橫……」

「夷洲也有數萬人麼？」

「這個臣也不知。不過聽說夷洲土地肥沃，能生五穀，靠山近海，所以又多魚肉。山中所居，頗似越人，髡頭、穿耳，善作細布，布上畫有圖案。會稽郡的市場上偶然也會有這種布販賣，只是不知從何而來。」

「哈哈，夷洲與亶洲，真是有趣的傳聞。」

然而在孫權看來，這可不僅僅是有趣而已。既然北邊和西邊都無法擴張，為什麼不換個方向，向東方和南方經略呢？

早在赤壁之戰後兩年即建安十五年，孫權就派遣步騭經營南方，當時盤踞交州多年的地方軍閥士燮舉旗投降，另一軍閥吳巨卻心懷不軌，最終死於步騭之手。後來孫權徵調步騭北上，派出大將呂岱主持嶺南。石亭之戰前兩年，九十歲的士燮去世，孫權沒有繼續懷柔，允許士燮家族世代統治嶺南，而是派出官員逐漸取而代之，引發了士燮子孫的叛亂。結果是士燮的兒子被殺，交州成了孫權直接控制的國土。

於是，孫權派遣宣化從事朱應、中郎康泰從從番禺（今廣州）出發，沿著林邑國（越南南部）的海岸線南下，尋訪南海以南的陌生世界。

繼續往南，還有沒有拓展的空間呢？林邑國本是中國的一個縣，即日南郡最南端的象林縣，漢獻帝時代乘著中原大亂獨立稱王，所謂「林邑」就是「象林之邑」。

要不要討伐林邑國，向更遠的南方擴展呢？

炎熱的氣候是最大的問題，瘴氣瘟疫、水土不服又是一個大問題，即便是東吳的軍士也難以忍受，所以就當時的條件而言，日南郡真的是中國人南下的極限了。

唯有向東入海，雖然茫茫大海是一個強大的阻隔，但是數十年來東吳水軍的擴張，似乎征服東海也不是什麼不可能之事。

「泛舟航於彭蠡，渾萬艘而既同。弘舸連舳，巨檻接艫。飛雲蓋海，制非常模。」距離東吳年代不遠的晉人左思所寫的？〈吳都賦〉中曾如此頌稱東吳的造船業，雖然有文學修飾與誇張的成分，但是大體不虛。

石亭之戰前兩年（西元226年），一個中文名字為秦論的異域商人來到了交州，地方官把他送到了武昌，孫權親自接見了他，問他從何而來，他的回答是：「我來自大秦。」

孫權對這個陌生的國名感到漠然，不錯，《後漢書》中有關於大秦國的記載，大秦國在大海的西邊，所以又叫海西國。疆域數千里，有四百餘城、數十個屬國，是西方的大國。

這個大秦的奇異之處，在於他的國王不是父子世襲，而是「簡立賢者」，也就是選拔有才能的人擔任。至於大秦的人民，則身材高大、樣貌端莊。

「真想到大秦國去看個究竟啊！」

然而孫權是不可能離開武昌去虛無縹緲的西方世界，他選派了一個小吏：會稽人劉咸護送秦論去大秦，與之同行的據說還有二十名山越男女。

結果是一去不歸，劉咸大概是病死在了船上，至於秦論和二十名山越男女，永遠消失在了史冊的深淵裡。

後人研究說，大秦就是羅馬。孫權的年代，羅馬帝國正值塞維魯王朝，鼎盛的黃金羅馬已成往事，羅馬帝國正一步步走向3世紀的大混亂。至於這位自稱為大秦人的秦論，真偽難辨，即便他是真羅馬人，這一次羅馬與東吳的短暫交往也只是偶然地遭遇而已。

對於孫權來說，東吳的大船可以去遙遠的大秦，當然也可以去也許並不遙遠的夷洲、亶洲，將其納入大吳帝國的統治之下。

「他們會群起反對麼？」

孫權看著湖面發呆，這地方古稱桑泊，本是一片沼澤，孫權遷都後引水至此，這才收拾出一個帝王花園、南國名湖。然而孫權的雄心壯志又安能局促這江水湖泊之間？只是唯恐文武大臣們不能體諒他的心意，紛紛阻撓，那就不妙了。

張昭、顧雍以及陸伯言，這幾位重臣都是極有主見、不肯順從之人，若是孫權一開始就詢問他們而遭到反對，這件事就難辦了。孫權需要找一些比較聽話的臣子，附和自己的意見，然後再去和三大重臣談判。

「諸位大臣都以為征討夷洲的主意不錯，伯言以為如何？」

看到大多數大臣贊同遠征夷洲，三大重臣中大概會有那麼一、兩位會選擇妥協，如此一來即大事便成了。

那麼，誰會順從孫權的意見表示贊同呢？孫權想到了他新招的女婿全琮，他如今位列衛將軍，武將之中地位可以說僅次於陸伯言，與朱然相近，是相當有影響力的人物。

在孫權看來，乖巧順從的全琮一定會附和他的意見。於是，孫權把姑爺召進了皇宮，向他透露了有意遠征夷洲之事。

「哎呀……」

事情來得太突然，全琮的反應很愕然，幾乎是呆掉的他在心中默想：「難道陛下要打發我去所謂的夷洲麼？」

全琮是錢唐人，從小熟睹洶湧錢江潮的他素來以跟風者自居，可是如今孫權所要求索的是海外之地。漢朝人並不是封閉自守之徒，自從張騫通西域以來，漢人的足跡遠及波斯，漢軍的鐵騎更深入亞歐大陸的腹心，封狼居胥，登臨翰海……可是這裡的「海」其實是沙漠，雖然漢武帝時期有跨海滅朝鮮之舉，不過大漢帝國的擴張畢竟還是以陸上為主。

吳人的戰船，在北方的曹魏和西方的蜀漢看來，已經是極其雄偉牢固的海上城池，可是稍大一點的風暴襲來，便要進港灣躲避。早年曾有所謂五樓船傾覆事件，悲劇的主角是虎將董襲，因為夜遇風暴，董襲所指揮的五樓船在濡須水中傾覆，水兵紛紛跳水逃生，身為船長的董襲堅守自己的職位，拒絕逃生，結果是船沉人亡。後來又有呂範事件，身為都督的呂範就是因為太過自信而麻痺大意，導致了船隻被刮斷桅桿、吹到江北擱淺、水兵被魏軍射殺的悲劇。

假如孫權強令全琮出海遠征不知在何處的夷洲，一旦遇上風暴，全琮必將重蹈董襲的悲劇。而這種事發生的機率太大了。

就算能安全抵達夷洲，這種未知之地，多半有未知的疫病，水土不服加上路途勞頓，到時候未等島上的蠻夷來屠戮，全琮的軍隊已經減員一大半。

就算能躲過瘟疫瘴氣，又克服了水土不服，更打敗了蠻夷的抵抗，全琮能從這島上獲得些什麼呢？人、物、地，論人，區區一個島嶼上能有多少人口，全琮又能制服多少帶回來？

論物，島上也許有珍珠、瑪瑙、珊瑚乃至象牙、犀角，可是值得犧牲大批將士的性命去博取麼？當年曹丕派遣使者向孫權索要這些東西，孫權嗤之以鼻，看出曹丕胸無大志，如今孫權又為何呢？論地，夷洲、亶洲遠在海中，即便全琮戰勝了當地土人，孫權能把他們納入自己的統治版圖麼？

全琮在肚裡輪了一圈，左思右想都是糟糕之極，要他領兵去打夷洲，實在是十萬個不樂意。

「陛下，臣以為不妥！」一句話出口，全琮感覺孫權的反應很是不悅。逆龍鱗，這不是全琮的性格。然而在夷洲這個問題上，全琮退無可退，他硬下一條心，大聲說出了自己反對的理由：

「以聖朝之威，何向而不克？然殊方異域，隔絕障海，水土氣毒，自古有之，兵入民出，必生疾病，轉相汙染，往者懼不能反，所獲何可多致？猥虧江岸之兵，以冀萬一之利，愚臣猶所不安。」

這段話收錄在《三國志》的全琮傳中，大意是以吳軍的戰鬥力，出兵遠征夷洲、亶洲，戰勝的問題不大。可是戰勝之後呢？水土不服、瘴氣疾病恐怕會成為吳軍的最大敵人，搞不好大多數東吳士兵不是死在戰場上，而是死在兵營裡。

全琮特別警告孫權：遠征夷洲，必然要從對魏戰線上抽調兵力，這對於東吳的國防是相當不利的。所以全琮說：「臣很不安」！

全琮不安，孰知他的話讓孫權更不安，豈止是不安，簡直就是很不高興。

「說完了？」

「說完了。」

「退下吧！」

沒好氣地趕走了全琮，孫仲謀的心中極為惱火：

「連他都敢反對朕了！」

全琮的話，孫權幾乎是一個字也聽不進去。他現在滿腦子是遠征異域、開拓新疆土、打造海上帝國的美妙藍圖，所有的提醒、建議，在他看來都是潑冷水。

孫權只好派使者去和留守武昌的陸伯言商量，希望取得他的支持。

「全子璜他們目光短淺，這件事大概只有你能理解我的意圖！」

可是陸伯言似乎也不理解，他的回覆與全琮幾乎是一個意思。他說眼下四海未定，不是海外擴張的時候，加上連年戰爭，東吳應付曹魏的兵力尚且不足，哪裡有餘力去經略遠方。

「陛下憂勞聖慮。忘寢與食，將遠規夷州，以定大事，臣反覆思唯。未見其利，萬里襲取，風波難測，民易水土，必致疾疫，今驅見眾，經涉不毛，欲益更損，欲利反害。」

接下來陸伯言乾脆把孫權教訓了一通，預言遠征夷洲將會是「欲益更損，欲利反害」，用後人的話說就是：「弄得不吃羊肉空惹一身羶！」他勸孫權與其瞎折騰，倒不如做點實事，東吳這幾年與蜀漢、曹魏連續作戰，國力消耗嚴重，百姓飢寒交迫。孫權有空去思量海外荒島，怎麼就不能靜下心來，老老實實地把國家的內政理理順，給百姓一點太平盛世的指望呢？

「臣聞治亂討逆，須兵為威，農桑衣食，民這本業，而干戈未戢，民有飢寒。臣愚以為宜育養士民，寬其祖賦，眾克在和，義以勸勇，則河渭可平，九有一統矣。」

孫權不想再看下去了，他擺擺手讓呂一把奏章收起來，「陸伯言和全子璜太過分了，簡直不把陛下放在眼裡！」呂一的眼中含著淚，「臣以為他們有負陛下的重託，應當加以斥責。」

「算了，只是就事論事而已！」孫權想，居然只有呂一一人能體諒自己的用意，真是可悲啊。

旁人呢？孫權的老同學朱然以及諸葛瑾一眾人等都觀望不語，他們不敢激怒孫權，可是也不出來附和，可見他們的內心是支持陸、全兩人的，只是因為害怕孫權動怒而保持緘默而已。

於是整整一個月過去了，眾臣再也沒有聽到關於夷洲的片言隻語，孫權似乎放棄了這個看來很荒唐的念頭。人們的心中放下了一塊大石頭，暗自慶幸：總算陸伯言和全子璜的話還是起了作用。

第二年即黃龍[04]二年的春天，孫權忽然連續召見兩個默默無聞的將領，似乎將要委以重任的意思。這倆個傢伙，一個叫衛溫，一個叫諸葛直。

「姓衛的是何許人也。」

有人說衛溫是步騭老友尚書衛旌的族人，至於諸葛直，則毫無疑問來自諸葛瑾的家族。然而當人們向這二位族長道賀時，他們的反應卻很冷淡且尷尬。

「關於他們的事，我確實是一無所知！」

不久，衛溫、諸葛直被派赴會稽郡的章安縣（今浙江臺州、溫州一帶），也有人說他們去

[04] 黃龍是孫權稱帝後的第一個年號，自 229 年至 231 年。

了閩地，總之是從建業人的視野中消失了。

然而在會稽郡東南部的某個港灣，數百艘大小船隻已經集結完畢，大約一萬名精挑細選的水軍精銳之士登上了戰船。

「將要出海麼？」

「是啊？」

「那麼，目的地是何方呢？」

「哈哈，也許是天涯，也許是海角，總之是你從未去過的地方！」

「不會是從這裡北上去襲擊魏國的青州和遼東吧？」

「唔，也說不準會是這樣吧！」

「無論去哪裡，只要能活著回來我就心滿意足了！」

「你這傢伙，還真是囉嗦……」

85. 驚天逆謀

「臣有罪！」

一大清早便看見呂一低頭跪在面前，孫權不覺啞然。

「陛下還記得隱藩這個人麼？」

「他不是去廷尉寺上任了……」

「臣已經查明，隱藩此人有亂謀的企圖！」

一年之前，曹魏統治下的青州之人隱藩從海上逃亡到東吳，聲稱自己是不堪曹魏暴政，所以棄暗投明，不惜捨棄鄉土，叛國來此。但是到了東吳之後，有關部門卻對他的義士行為不屑一顧，隱藩深有懷才不遇之感，於是寫了一封毛遂自薦的書信，投遞到宮門，請求孫權接見。

「這個人倒是頗為有趣！」隱藩書信中最讓孫權心動之處，是他把北方的魏帝曹叡比喻為暴虐無道的商紂王，而把孫權比喻為寬厚英明的漢高祖劉邦。

「是啊，這樣的義士，陛下倘能多加鼓勵，相信會有更多的隱藩自北方而來！」呂一附和說。

於是孫權特別召見隱藩，並且召來當年孫權即位時寫了〈黃龍大牙〉的右領軍胡綜旁聽。

「呂一，你覺得這人怎麼樣？」

「臣以為此人對答如流，態度從容不迫、見解也頗為精闢。」

「偉則（胡綜的字），你以為如何？」

「呵呵，不太好說。」

「這裡又不是大殿，君臣敘話而已，但說無妨！」

「臣覺得此人的口氣彷彿東方朔，巧捷詭辯有似禰衡，可是論才能恐怕比這二人都差得很遠！」

在當時人的心目中，東方朔是漢武帝時代的弄臣，以說話誇張搞笑聞名。禰衡則是曹操時代一個狂妄自大卻沒有真才實學的小醜。胡綜把隱藩比作這兩個人，還說隱藩的才能遠不如他們，顯然是很鄙視隱藩其人。

孫權點點頭，他基本同意胡綜的看法，此人沒什麼大的本事。不過孫權還是打算給他一個官職，因為從政治的高度而言，這樣的「義士」值得褒獎。

「倘若一定要任命官職，也絕不可以讓他擔任實職，請陛下給他一個都輦小職（京城小史）的安排好了。」

孫權瞧瞧呂一，呂一向前一步建議說：「胡領軍所言極是，聽隱藩的言辭，似乎對刑獄略有一些領悟，不如讓他做個廷尉監吧！」

廷尉監是廷尉（相當於司法部）監獄的主管，俸祿六百石，與太史令同級，也算是個不大不小的官員。胡綜似乎覺得給的還是太高了，但是孫權卻欣然同意了，於是胡綜便只好閉口不言。

「希望此人不要在廷尉寺惹事！」

然而半年之後，呂一卻跪在孫權面前，說隱藩有作亂的企圖。孫權不覺愕然，他打開呂一的奏章，仔細一看，上面寫著隱藩將於某年某月某日某時帶領若干黨羽襲擊宮門云云，大體不虛。

「可惡！」

「隱藩發現亂謀被臣識破，倉皇逃竄，被巡防軍士截住，激鬥中伏誅了。」

「你說他已經死了麼？」

「雖然隱藩已經斃命，可是平時與隱藩關係密切的人員名冊，臣已經調查清楚了！」

孫權接過呂一遞上的名冊，目光掃及上面的人名，心中一顫！第一個人名居然就是小虎的丈夫駙馬朱據，第二個是隱蕃的上司、廷尉卿郝普，第三個是與陸伯言一同鎮守武昌、輔佐太子的太常卿潘濬……

以下人物，甚至還有大虎的丈夫、衛將軍全琮。孫權不忍再看了，都是朝中重臣啊！

「陛下，臣也有罪！」

「你是查明隱蕃亂謀的功臣，何過之有？」

「當初陛下問隱蕃是何等人物，臣也曾讚譽過此人。」

孫權擺擺手：「不必了，當初朕也差點被矇蔽了，何況是卿！」

孫權頹然坐在寶座上，又把名冊看了一遍，最是可怕的便是潘濬這個名字，他本人倒沒什麼，可是一旦落實潘濬與隱蕃有所勾結，那麼與潘濬關係親切的陸伯言呢？

這就太可怕了！

於是孫權質問呂一，潘濬遠在武昌，如何會與隱蕃勾搭上？呂一回答說：潘濬本人與隱蕃並無接觸，他是透過兒子潘翥牽線搭橋，潘翥還送了不少財物給隱蕃，想必是作為亂謀的資金。

對於此事，呂一所言非虛，史書亦載：「（隱）蕃門車馬雲集，賓客盈堂，自衛將軍全琮等皆傾心接待……潘濬子翥亦與蕃周旋，饋餉之。」

孫權再無懷疑，欽差即刻被派赴武昌。同時，緹騎四出，第一個倒楣的便是隱蕃的上司、廷尉卿郝普，遭到孫權的嚴厲斥責之後，這位東吳的司法部長惶恐至極、畏罪自殺。第二個是駟馬朱據，被軟禁了起來，很久才得以解脫。至於另一位駟馬爺全琮，不得不做了深刻的檢討。

然而這些人只是因為與隱蕃交往密切、或者為隱蕃說了幾句好話而已，潘濬的罪狀卻是為隱蕃亂謀提供兵餉，其罪非小！

「潘太常恐怕難逃一死！」

「或許江陵侯（陸伯言）會為他說情，陛下網開一面也說不定！」

「哼哼，你傻啊！醉翁之意不在酒，某人將此事牽扯到潘太常，最終目的不就是要把江陵侯拖下水麼！」

「啊，居然會有這等事，這不是亂我江東麼，可恨可恨！」

「噤聲，小心隔牆有耳！」

86. 一封逆天書

這就是人生啊！

陸伯言凝視著餐盤中的武昌魚，人與這魚又有什麼分別呢？勝者驕傲地坐在餐盤前，而敗者便成了餐盤中的魚肉。

「潘太常會沒事麼？」孫舒城為丈夫斟滿杯中酒，陸伯言舉起杯來一飲而盡。

「陛下的怒氣很盛，聽說這都是因為潘太常的兒子與隱藩交往的緣故。」陸伯言看了一下在庭院裡玩耍的兒子陸抗，陸抗已經四歲了，是個極為活潑而調皮的男孩子。陸伯言看著兒子，感覺自己的活力都轉移到了他的身上一般。

「朱據和全琮兩位駟馬都受到了懲罰，郝廷尉已經自殺，潘太常難道也要遭遇郝廷尉一般的命運？」在孫舒城的印象中，出身武陵的潘濬是一個剛直正義之人，當初曾勸阻孫權射雉，孫權不聽，火爆脾氣的潘濬居然上手就扯壞了孫權乘坐的皇家馬車的雉羽車蓋，孫權為之很多年都不出去射雉。自從丈夫陸伯言來到武昌以來，兩人的合作也很是愉快，可以說是相得益彰。

「夫人知道呂一這個人麼？」

孫舒城怎麼會不知道此人，聽聞他是如今孫權身邊最得寵的紅人。有人把他比喻為潛伏在黑暗中的毒蛇，一旦發現你的空隙，便會趁你不備、游出來咬你一口。即便陷害你對他並無太大的好處，他也毫不猶豫。似乎他的樂趣僅在於陷害過程本身而已。

一代英主孫仲謀怎麼會信任這樣的人呢？孫舒城實在是不能理解。

「莫非是此人在幕後陷害潘太常？」

陸伯言點頭，他曾經與潘濬多次談論到此人，說到痛恨之處，涕淚俱下。可是無論是戰場上的「軍神」陸伯言還是勇於扯破孫權車蓋的「獬豸」潘濬，都對此人的囂張無可奈何。

然而以陸伯言的謀略，難道就不能救自己的同僚一把麼？

陸伯言抬起頭看著自己的夫人，丈夫的注視令孫舒城臉上泛起一陣紅暈。然而陸伯言卻說：「請夫人去一趟建業吧，看看大虎、小虎，順便把這封書信遞上去！」

孫舒城與大虎、小虎乃是堂姐妹的關係，彼此走動實在是很平常。可是這幾年一直跟隨夫君在西陵和武昌居住，孫舒城幾乎都要忘卻她們的模樣了。

「聽說大虎又懷孕了，你這個做姐姐的，該去看看她！」

但重點不是這個，而是陸伯言手中的書信，這難道是救潘濬的書信麼？

此時，潘濬與兒子潘翥已經被軟禁在了建業的潘氏府邸中，府外是戒備森嚴的士兵，說是保護，其實是看守。

潘濬這一生，先後侍奉了三個主人。第一個是劉表，當時潘濬的年紀還不到三十，卻已經顯露出果斷剛毅的風格，沙羨縣長貪汙受賄，但因為黃祖的關係，一直未能法辦，卻被潘濬給殺了，於是一郡震竦，潘濬成為荊州名人，就連劉表也對他刮目相看。

其後劉備領荊州，任命潘濬為治中從事，總理文書。劉備西入益州，潘濬成了諸葛亮的手下。待到諸葛亮也入川，潘濬又成了關羽的部下。關羽敗死麥城，潘濬便成了孫權的臣子。

潘濬一直抱定這樣的觀點，無論天下的主人是誰，他都需要一個維護制度、嚴明紀律之人，所以潘濬只要守著自己的原則，無論城頭如何變幻大王旗，他以不變應萬變。然而畢竟人算不如天算，風雨飄零數十載平安無事，誰料想平地裡風波驟起，居然在不經意陷入了死局。

如今能解這個死局之人，唯有陸伯言。潘濬手中握有一封書信，足以證明自己的清白，然而這份證據，他自己卻無法遞交給孫權。因為所有進呈給孫權之物，幾乎都要經過呂一之手。潘濬不明白自己何時、何地得罪了呂一，然而他明白一旦呂一看到這封書信，一定會扣下銷毀。

於是潘濬把書信給了陸伯言。然而陸伯言也無法把這證據直接呈交給孫權，唯有透過夫人孫舒城轉給孫權最寵愛的女兒大虎。

大虎的丈夫全琮，也莫名其妙地捲入了這場風波，只是因為大虎的關係，才得到寬大的處理。然而對於使壞的呂一，大虎的心中早已怒火中燒。所以當孫舒城把書信託付給她時，大虎很爽快地同意了。

在這個宮廷中，大虎是唯一可以自由出入的人，孫權對這個女兒超乎尋常的嬌慣寵愛，令她的個性極為張揚。呂一見到這位跋扈的公主，不覺也是頭痛萬分，不敢阻擋，任由她進入御書房，見到了孫權。

「父皇，女兒給您帶來了一件禮物，不妨看看！」

孫權剛斥責了大虎的丈夫全琮，心中很是擔心女兒會藉此胡攪蠻纏，沒想到她卻給自己送來了禮物，頗為詫異。然而打開一看，發現是潘濬寫給兒子的書信，他就更為詫異了。

這封信後來收藏在了吳國的皇室檔案庫，編入了吳國史官所寫的國史。陳壽寫《三國志》

時，收錄了其中一個段落：「吾受國厚恩，志報以命，爾輩在都，當念恭順，親賢慕善。何故與降虜交，以糧餉之！在遠聞此，心震面熱，惆悵累旬。疏到，急就往使受杖一百，促責所餉！」

這信寫於半年前，大意是不許兒子與「降虜」交往，更對兒子送給「降虜」糧米財物一事極為憤慨。所以責令兒子在收到信之後，立刻到送信人那裡，接受「杖一百」的懲罰。

大虎告訴父親孫權，送信人是潘府的一位老僕，當日代表潘濬，就在潘府門前的空地上，拿著一根桃木大棒足足打了潘翥一百下，因為事情太蹊蹺，僕人居然打自己家的少主人，一是圍觀者甚多，其中不乏路過潘府的達官貴人，可以作證。

「哈哈！」孫權看著女兒一本正經的樣子，忽然哈哈大笑起來：「你們都以為朕要處置潘太常麼，錯了、錯了，朕只是……」

孫權一時詞窮，其實他是以大笑掩飾自己的失落罷了。連女兒都來為潘濬說情了，而且有理有據。這愈發對照出孫仲謀的窘迫。

「所謂的英明天子，其實只是被呂一玩弄、欺騙的可憐蟲而已！」一定會有人這樣在私底下議論孫仲謀。

孫權把呂一喚進了書房，把證據冷冷地摔在了他的面前。

「如何？」

「臣錯怪潘太常了！」

呂一伏在孫權腳下的身體輕微地顫抖，說實話，孫權越來越喜歡這種感覺。換做是顧雍、張昭和陸伯言在面前，他就無法體會到這種君王的無上威嚴。但是在呂一這裡，孫權感覺很好。

要殺掉他麼？

孫權在心中搖頭，不！

呂一在孫權的心中是什麼呢？如果顧、陸等人是支撐這個國家的柱梁，那麼呂一就是孫權手中的斧鑿。孫權樂於用這個斧鑿時不時地去敲打那些「擎天柱」，告訴他們誰才是這個國家的主宰；當然，孫權也不願意看到柱梁被斧鑿擊打到轟然倒塌，畢竟這個王朝需要他們。

留呂一在，便留下對權臣們的制約，對於孫權來說，這是權力政治的需求，也是帝王人生的一種樂趣！

年近半百的孫仲謀，發現自己越來越著迷於這種樂趣。

87. 海外傳說

那天清晨，潘濬突然發現府前的士兵悄悄地撤走了，這意味著囚禁解除了，潘氏父子抱頭喜極而泣。

「得救了！」

然而剛剛鬆下一口氣，府前又喧鬧起來，欽差到了，一來就急吼吼地催促潘濬進宮面聖。潘濬心中剛落下的石頭又懸了起來。

看來事情沒那麼容易解決。好在還有面聖為自己辯解的機會，潘濬唯有硬著頭皮進宮。

「承明！」

孫權親切地喊著潘濬的字，潘濬心中不知是何滋味。他用眼睛的餘光瞄瞄侍立在旁的呂一，心中咬牙切齒：「原來就是這個傢伙！」

「承明可知朕把你從武昌召喚到此，所為何事？」

「臣不知！」潘濬心說你不是打算要我的腦袋麼，包圍了我的府邸足足四天四夜，還問我所為何事？

孫權誠懇地說：「武陵蠻又叛亂了，朕有意以承明為大將，會同交州的呂定公（呂岱）討伐此賊。」

又是一個姓呂的！

呂一已經擬好了聖旨，孫權殷勤地讓呂一打開聖旨給潘濬看，上面寫著：「假太常潘濬節」，這是很高的待遇，意味著授予潘濬獨當一面的權力，當世諸將中，只有陸伯言、諸葛瑾和朱然享受過類似待遇。

原來孫權把自己召入建業就是為了這個，所謂呂一的陰謀只是一場虛驚？潘濬心中迷惑。

潘濬與呂岱出兵討伐武陵蠻是在這年的農曆二月，不久，在會稽郡東部的海邊，一支看上去疲憊不堪的水師登陸了，會稽太守吾粲嚇了一跳，以為是海外東夷入寇，這可是曠古以來從未發生過的奇異之事，他立刻集結了郡兵去堵截，一面上報建業。

行至海邊，吾粲在馬上望見這夥衣衫襤褸的軍人在一座光禿禿的山頭上揮舞一面舊軍旗，上書一個「吳」字，看那軍旗的制式也頗為眼熟，這才意識到可能是自己人。

事實上，這正是一年之前浮海東去，尋找夷洲、亶洲的衛溫、諸葛直部隊。

吾粲趕緊上報，孫權的第一反應是讓吾粲詢問衛溫、諸葛直：「有沒有找到夷洲、亶洲？」當初在群臣一片反對之聲中派出這支艦隊，如果一無所獲地回來了，豈非讓人恥笑！

衛溫、諸葛直的回答是：「發現了夷洲，至於亶洲，實在是太遠了，未能抵達。」

一個半好半壞的消息，衛溫、諸葛直將孫權的航海藍圖打了個五折，不過總算有所收穫。他們補充回答說：「帶了幾千名夷洲人回來。」

這應該是個好消息吧！

吾粲為他們求情說：「將士們浮海遠征，飽受風浪、疫病之苦，十分勞苦，需要休息。衛溫、諸葛直兩位將軍雖然沒有很大的功勞，但總有苦勞，應該嘉獎。」

當年張騫出使大月氏，實際上也沒有完成聯盟抗擊匈奴的使命，可是他打通了西域之路，漢武帝不是也嘉獎了他麼？如今衛溫、諸葛直的使命雖然只達成了百分之五十，可是畢竟打通了東海之路，不也值得慰勞麼？

孫權的內心也很矛盾，他看著衛溫、諸葛直的報告與吾粲的奏章，遲疑不決。

吾粲說得不錯，衛溫、諸葛直沒有功勞也有苦勞，他們不該被責備。可是看看兩人的報告內容，孫權卻又很糾結。

衛溫、諸葛直在報告中說，他們的船隊抵達夷洲之後，即刻上岸安營紮寨，修築了簡單的城壘，然後向內陸探索前進，很快便發現了土人部族，這些部族並不統一，各有酋長，互不買帳。雖然作戰時這些土人十分驍勇，可是武器十分簡陋，「唯用鹿觡為矛以戰鬥，磨礪青石為弓矢」。於是戰鬥簡單而短促，土人被擊潰。衛溫、諸葛直向他們宣告自己乃是來自大吳的「仁義之師」，到這裡是為了宣揚大吳皇帝的威嚴與仁慈。

實際上土人們自然是一句也沒聽懂，不過他們意識到也許投降是唯一出路。於是戰鬥很快便平息了，雙方變得和諧無間，衛溫、諸葛直們絮叨著什麼，而土人酋長們一個勁地點頭，然後一眾人等圍著篝火起舞。

「啊喔哈嘿……」

「他們在唱些什麼？」

「他們在歌頌我們大吳！」

然而快樂的日子竟然是如此短暫，很快無名的疫病便襲擊了吳軍，腹瀉、發燒普遍地出現了東吳兵營，接著出現了死亡的案例，在隨後的日子裡，不斷有屍體被抬出營地掩埋，然而掩埋的速度根本跟不上死亡的速度。

照這樣下去，一萬東吳大軍將成為一堆白骨。衛溫、諸葛直只能帶著數千夷洲土人離開。

「啊喔哈嘿……」

「他們在說些什麼？」

「他們說想去大吳！」

「好吧，帶他們去吧。見了皇帝陛下，這些人也是一個交代。要不然誰知道我們是不是真的到了夷洲？」

「可是這個地方究竟是不是夷洲呢？」

「管他呢，我們該去亶洲了。」

船隊離開夷洲繼續向海中航行，然而這一回運氣不佳，前方一望無際的始終是海，看不到一點土地的影子。

士兵們擔心起來，因為他們都認為大海的盡頭，有一個無底的大壑，百川海洋之水到了這裡，便如漏斗般旋轉下流。船隻一旦陷入這個大漩渦，便永無生還的希望。

「我們已經抵達東海的盡頭，不能再前行了！」

士兵的喧譁令衛溫、諸葛直也害怕了，在這茫茫大海上，一旦激起士兵譁變，那真是叫天天不應叫地地不靈。衛溫、諸葛直決定讓步，調轉船頭回國。

「已經發現了夷洲，皇帝不至於發怒砍我們的頭吧！」

「希望如此！」

然而回到會稽，已經是一年之後，衛溫、諸葛直當初帶去的一萬軍隊，生還者寥寥，其中十之八九死於瘟疫和壞血病，戰死者不足一成。這正應驗了當時陸伯言和駟馬爺全琮的預言：

「然殊方異域，隔絕障海，水土氣毒，自古有之，兵入民出，必生疾病，轉相汙染，往者懼不能反，所獲何可多致？」

這是駟馬爺全琮的預言。

「萬里襲取，風波難測，民易水土，必致疾疫，今驅見眾，經涉不毛，欲益更損，欲利反害。」

這是陸伯言的預言。

全部應驗！

88. 一語殺二士

「陛下必須嚴懲衛溫與諸葛直才是！」

「為何？」

「他們並未抵達亶洲！」

「然而他們畢竟發現了夷洲，也不算完全沒有收穫。」

「可是兵員以及船隻的損失，遠遠超過了這點收穫。」

「話是不錯啊，可是水土不服和疫病並不是他們的錯啊！」

話說到這個地步，孫仲謀心念一動，這的確不是衛溫與諸葛直的錯，當初決策之時，陸伯言和全琮已經提出了這種危險，是決策之人罔顧這種危險，這才造成了慘痛的傷亡。

說到底，錯在決策之人——也就是孫權自己。

孫權自問：你可以坦白地自認失誤，向陸伯言和全琮等群臣道歉，向國人與魂滅海上的將士們道歉麼？

這一刻，孫仲謀猶豫了。

「陛下，臣以為錯還是在衛溫與諸葛直身上。」呂一咳嗽了一聲，話說得很不自然，卻讓孫權充分體會到了他對自己的愛護之心。

「如果陛下認錯，一定損傷國威，令大吳將士喪氣，敵人漁翁得利。那些跋扈的權臣大將，將更加不把陛下放在眼裡！」

這些話似乎是憋了很久似的，從呂一口中竹筒倒豆子般說了出來。

「什麼！？」

孫權掩飾不住心中的怒火，一把抓起案几上的硯臺朝呂一扔了過去。

「混帳，你說朕是被跋扈之臣威壓的無能之君麼！」

呂一沒有躲，硯臺擊中了他的額角，鮮血直流。

「臣有罪！」他伏在地上磕頭，血剎那間染紅了地面。

孫權頹然地把整個身體縮回了寶座，他為什麼會對呂一發這麼大的火呢？其實是呂一的話正好點中了他的痛處。早年聽命於張昭、周瑜，中年則依賴於顧雍、陸伯言，大概外人都以為他是個缺乏威嚴的君主，可是中年以後的孫權開始嘗試唯我獨尊的滋味，卻是屢遭失敗。

如果承認夷洲之役是自己錯了，大臣們必然將更加自以為是，陸伯言和全琮雖然嘴上不會說什麼，可是私底下一定會偷笑：

「早就告訴你一定會失敗，誰叫你不聽來著！」

「凡事都要與我等商量才是，自作主張只會顯露你的愚蠢罷了。」

每念及此，孫仲謀真是不堪！

「好吧，呂卿，說說你的見解。」

呂一顧不及抹拭額頭的餘血，他說：「陛下當初派遣二將尋訪夷洲、亶洲，而衛溫與諸葛直只抵達夷洲便擅自回國，此為違詔之罪一；陛下之意，是將夷洲、亶洲納為王土，至少也要令二洲稱藩納貢，而衛溫與諸葛直卻擅自奪取夷洲數千人口而歸，此為違詔之罪二。」

說到這裡，呂一抬起了頭：「二罪並罰，衛溫與諸葛直當誅！」

殺了他們麼?孫權感到背脊一陣寒意：「這算不算濫殺無辜?」

「為君王而死，亦是臣子盡忠之道！」呂一說，「衛溫與諸葛直能以一死為君王分憂，也是他們的榮耀。」

「原來如此……」孫權微微點頭，這便是准了。

數日之後，衛溫與諸葛直被處以斬首之刑（衛溫與諸葛直死後二十年，吳人沈瑩寫了《臨海水土誌》，對「浮海求夷洲」一事記載頗為詳盡。），早知如此，他們何必從夷洲回來呢？

若干年後，一個叫沈瑩的吳國人寫了《臨海水土誌》，這是對夷洲唯一比較詳盡的實錄：

夷州在臨海郡東南，去郡二千里。土地無霜雪，草木不死。四面是山，眾山夷所居。山頂有越王射的正白，乃是石也。此夷各號為王，分劃土地，人民各自別異，人皆髡頭，穿耳，女人不穿耳。作室居，種荊為蕃鄣。土地饒沃，既生五穀，又多魚肉。舅姑子父，男女臥息共一大床。交會之時，各不相避。能作細布，亦作斑文。布刻劃，其內有文章，好以為飾也……

主流觀點認為，所謂夷洲就是臺灣，而亶洲則是臺灣東面的琉球群島。

衛溫死後一旬，這個消息傳到了他的族人、遠在帝國西陲的武陵太守衛旌耳中。死者死矣，生者足懼！衛太守如今最害怕的是因此受到牽連。

「臭小子回來做什麼，死在海外至少還不會牽連族人，這下麻煩了！」

果然，衛太守聽見了瘟神的敲門聲，一個神祕的客人拜訪了武陵郡，當他表露身分，衛太守肝膽俱裂，原來他是呂一的人。

「衛公不必害怕，呂中書派小人到此，是來營救衛公的。」

從來只聽說呂中書的筆能殺人，哪有救人之事？然而衛太守到了這個地步，也只能聽從呂一的擺布了。

神祕客拿出一卷帛書遞給衛旌，讓衛太守默記在心，隨即焚毀於熊熊火焰之中。衛旌只覺自己的心亦如火焰中的帛書般化為灰燼。

呂一命他上書彈劾潘濬，罪名是私自與蜀漢接觸，有叛國企圖。事情緣於去年，蜀漢丞相諸葛亮提拔了荊州人蔣琬為相府長史，每當孔明北伐，國內之事便由此人處置，器重之意無疑。

巧合之處在於這位蔣琬乃是潘濬的姨兄（潘濬的姨媽嫁入零陵蔣氏，正是蔣琬的生母），據言蔣琬上任之後，潘濬曾派人表示祝賀，並說了一些閒話家常。

然而有人並不是以為潘濬與蔣琬說的是閒話家常，雖然東吳和蜀漢是親密的盟國，可是身為臣子，卻不得不注意嫌疑。諸葛瑾是諸葛亮的親哥哥，可是諸葛瑾多次訪問蜀漢，與弟弟諸葛亮只談公事，從來不敢閒話。即便要說家事，也是在大庭廣眾之下，以免不必要的嫌疑。可是即便如此，夷陵之戰前夕，諸葛瑾還是受到了朝野的猜忌。

更為敏感的是，潘濬此時正與呂岱率領五萬大軍討伐武陵郡的五溪蠻，手握兵權的潘濬如果真的與自己的姨兄蔣琬有所連繫，甚至帶著兵馬投奔蜀漢，對於東吳而言，將是沉重的打擊。

事實上，流言早已經滿天飛：「潘濬因為上次受隱藩事件牽連而被斥責一事懷恨在心，如今有了蔣琬這個關係，樂得另投明主！」

「說起來，潘濬本來就是諸葛亮的部下，當初只是因為形勢所迫才歸附了大吳，這一次他擁兵在手，一定會有所行動！」

「如今說來，呂公可就危險了，潘濬的兵多，呂公卻是從交州遠道而來。說不定潘濬會取下呂公的首級作為向蜀漢效忠的見面禮。」

甚至從武陵前線傳出了呂岱麾下的交州兵與潘濬麾下的荊州兵因為這種流言而互相猜疑、以至於與五溪蠻的戰事遲遲不決。

近在武昌的上大將軍陸伯言自然也聽到了這種傳聞，在他看來，這是朝中小人對潘太常的第二波攻擊，上一次選擇潘濬的兒子為突破口，這一回則以潘濬的姨兄為幌子，用計百端，用心可謂險惡。

要還潘濬一個清白，最直接的方式莫過於說明潘濬並無叛國之心。然而這一次的難題在於，潘濬不可能請遠在成都的姨兄蔣琬為自己洗脫，即便蔣琬真的來了，孫權也未必就會相信。

百口莫辯！

這正是眼下潘濬的處境，建業宮中孫權的案几上，武陵太守衛旌彈劾潘濬的奏章已經打開，孫權下詔，命衛旌入京對話。

呂一微頷，這一次，他以為勝負已定！

然而就在這時，卻傳出了太子孫登即將入京面聖的消息，有人說，他對呂一的印象很差，這一次他是為潘濬而來的。

89. 父子對決

「太子將來也許會成為漢文帝一樣的明君！」

漢朝諸帝中，陸伯言最為推崇漢文帝，他預言自己輔佐的太子孫登將成為漢文帝一樣的明君，可見期待之深。

漢朝開國皇帝，是劉邦這樣的粗野漢子。可是粗野漢子畢竟只能當開國皇帝，要建立太平盛世，非漢文帝這樣的明君不可。當年陸伯言的先人陸賈曾與劉邦辯論，所言：「(天下)居馬上得之，寧可以馬上治之乎？」就是這個道理。

陸伯言的政治主張，其實是繼承了陸賈的家學而已。概而論之，認為世事皆有它自己的發展規律，百姓也有自己的生活方式，做君主的雖然擁有無上的權力，但要想穩坐寶座，還是不要濫用權力、恣意妄為為佳。

就拿眼下的形勢而言，三分形勢已定，東吳即便在邊境上取得一、兩場勝仗，也無法撼動曹魏的整體優勢。蜀漢亦是如此。所以孫權的理智之舉，應該是與民休息，加大力度開墾江南為數眾多的荒山野田、增強國力。但是孫權卻始終不能明白這一點。

幾年前，陸伯言曾經上書孫權，請求實施兵農合一制，也就是士兵在無戰事的閒暇時墾荒種田，所謂「有事則為兵，無事則為農」［這種兵農合一的制度孫權並未採納，可是在兩百多年後，在北朝的西魏得到了實現，即所謂府兵，平時耕種土地，農隙訓練，戰時從軍打仗。歷北周、隋至唐初期而日趨完備，歷時約二百年，成為隋唐盛世的軍事基礎，天寶年間逐漸廢除，此後隨有安史之亂發生。］。

「伯言所言甚好，寡人父子先領取八頭牛和八畝田地，與大家一起勞作！」

陸伯言一本正經的建議，到了孫權那裡卻成了作秀，這件事最後不了了之。

接著，陸伯言又上書孫權，請他對士大夫少一點刑罰誅殺，對百姓少一點苛捐雜稅。

「政府干涉的民間事務越多，天下就會越亂；法律訂得越詳瑣，執行越苛刻，違法犯罪的現象就越多。」

先人陸賈的主張，同樣出現在了陸伯言的奏摺裡。

「對百姓徵收的賦稅太重，百姓會拋棄土地逃亡，國家反而收不到賦稅；百姓的傜役太多，他們就沒有充足的時間和勞力去耕作，國家同樣收不到足夠的糧食。」

孫權起初做出了積極的姿態，他派人制定了幾條改革措施，送給陸伯言和諸葛瑾修訂。

然而此後就沒有了下文。

相反，隨著這幾件事的發生，陸伯言感覺自己與孫權的關係漸漸疏遠。

「言多必失，難怪我說了不該說的話麼？」

「伯言，陛下越來越獨斷，你還是慎言為妙！」

陸伯言承認這一點，然而身為大吳重臣，他又怎能獨善其身、緘口不言？諸葛瑾已經閉口不言了，如果他再不說話，孫仲謀還能聽到逆耳之言麼？

「可是陛下根本就不想聽逆耳之言。」孫舒城為此事甚為擔憂，她告誡自己的丈夫，「陛下已經半百的年紀，他不再需要臣下告訴他什麼事該做什麼事不該做，他想享受君王獨斷的權威感覺！」

這個道理，其實陸伯言已經明白了。兒子陸抗尚小，這些年來，他完全把自己的精力放在了太子孫登身上。

的確，孫登是陸伯言這幾年來最大的驚喜。

他懂得為君者不擾民的道理，每次出去射獵，總是避開百姓的耕地，寧可繞遠路也不踐踏莊稼。待到休息之時，又會選擇空曠的無人之地，既不打擾附近的村民，也不驚動地方官來接駕。

他更懂得公正無差之理。曾經有一次出行，孫登被一粒飛過的彈丸擊中，左右搜尋周邊，發現附近有一人手持彈弓，大家都以為逮到了元凶，可是這廝居然不服。

「不是我彈的，冤枉啊！」

「還狡辯，捶他！」

左右認為這傢伙不老實，打算給他一頓暴打，卻被孫登制止。

「把他的彈丸拿過來。」

孫登將兩粒彈丸放在一起比較，發現兩種彈丸完全不同。

「不是他的彈丸！」於是下令放人。

「可是也許他準備了兩種彈丸特地在此伏擊呢？這傢伙可是狡猾之極！」

「不過是個貪玩的農家小子罷了，何必深究！」

孫登曾經遺失一個盛水用的金馬盂，負責此事的人十分驚恐，以為必死無疑。左右也懷疑是他貪汙了此物。

「搜查他的屋子，一定可以找到金馬盂！」

然而孫登卻說此人一直忠於職守，只是一時不慎罷了。責備了幾句，打發他回家而已。

在陸伯言看來，這些雖然都只是無關大局的小事，可是孫登的仁厚、公正已經初見端倪，而這正是漢文帝式明君的人格魅力所在。

「太子將來也許會成為漢文帝一樣的明君！」陸伯言高興地對自己的妻子說，身為堂姐，聽到丈夫如此誇讚自己的堂弟，孫舒城也是十分地欣喜。

「陸公，我打算去京裡走一趟，看看父皇！」

不久前傳來了弟弟孫慮去世的消息，想必老父此時的心情十分悲傷，孫登有意回京慰問老父。

「如果只是如此殿下就去吧，可是……」陸伯言說，「千萬不要因為那個人而惹陛下生氣！」

孫登明白，陸伯言口中的「那個人」便是呂一，陸伯言知道孫登對呂一很是痛恨，此去說不定會在孫權面前斥責呂一，果然如此，那可真是太糟糕了。

孫權一定會以為是潘濬或者陸伯言指使孫登這麼說，結果可想而知。不但陸、潘會因此倒楣，孫登本人與孫權的父子關係也會鬧僵。

「殿下你還年輕，日子久遠著呢！」

陸伯言喃喃地說，關於潘濬與蔣琬一事，無需憂慮。呂一機關算盡太聰明，可是這一次卻棋輸一著。他忘了在吳蜀關係這個問題上，孫權一直是很慎重的，如果潘濬因為與蔣琬的親戚關係而得罪，那麼諸葛瑾怎麼想，蜀漢那邊更會胡亂猜疑。孫權不會因為一個潘濬而壞了吳蜀聯盟的大局。況且，所謂潘濬與蔣琬有所聯繫也只是風言風語、並無實證。

「朕相信潘公不會做這種無聊之事。」

孫權罷免了衛旌的官職，這件事到此為止。

然而，任誰都知道，這件事的幕後指使是呂一。只要呂一不除，陸伯言和潘濬就不會得到真正的安寧！

可惜的是，雖然有陸伯言忠告在先，年輕的孫登還是沒能忍住。

「父子之間，還有什麼話不能明言呢？」

抱著這樣的想法，孫登到建業不久，便在父親面前說出了這樣的話：

「父皇的身邊有奸佞小人！」

「什麼？」孫權最初的反應是哈哈大笑，「我兒是讀書讀得太累了，好吧你說說奸佞小人在哪裡？」

「就是呂一！」

孫權的臉色立刻暗沉下來。

「是潘承明和陸伯言教你說的吧？」

「不，是兒臣自己的想法！」

「好啊，那就說說你的想法來聽聽吧，老父活了五十年，還不曾聽過兒子的想法呢！」孫權的語氣倒還算溫和。

倘若是別人，一定知難而退了。可是如今卻是父子之間的談話，孫登決定暢所欲言。如果直言會令父親生氣，那麼就用諷喻的手法吧。

「兒臣以為：所謂國家社稷，無非是一間大屋子罷了！」

「呵呵，這個比方倒也有趣。你說下去吧！」

「身為大屋之主人，自然希望大屋永固、萬年不傾，可是何物能支撐大屋不倒呢？」孫登說，「那便是柱梁了。」

「你說到了柱梁，好好，朕有點猜到你想說什麼了。也罷，你接著說……」

「大屋不倒，有賴柱梁；而社稷不敗，則有賴於良臣。如果房屋的主人放縱蟻蟲噬啃柱梁，那麼大屋便會倒塌！如果社稷的主人放縱佞臣作威作福、陷害良臣，那麼……」

「這就是你的想法麼？」

「正是，呂一深文巧詆、排陷無辜、毀短大臣、纖介必聞，罪該萬死！」

「住口！」

孫權的臉已經成了醬紫色，他的手因為極度震怒而顫抖。

「你是在教訓朕怎麼當皇帝麼？放縱佞臣作威作福、陷害良臣……朕現在就把皇帝的位子讓給你來做好不好！朕倒是忘了，你已經長大了，嫌你老子在這個位子上坐得太久了是不是……」

在孫權連珠炮般的高聲辱罵中，孫登唯有低下頭伏倒在地，請求父親的寬恕。

身為太子，的確不該對父皇的施政妄加評論，這是一個忌諱。而孫登卻因為憂思國度忘卻了這個忌諱，直到父親震怒，他才醒悟過來。

說與不說，這是一個兩難的抉擇。

「符璽郎！」孫仲謀氣急敗壞地大喊大叫，不知所以然的符璽郎捧著印璽進來，孫仲謀一把搶過印璽，朝孫登扔了過去。

「既然你急不可待，索性把它拿去好了！」

「請父皇息怒！」

孫登哪裡敢接。

這真是難得一見的激烈場景，孫仲謀很少發這樣雷霆之火。目睹這一切，宮女侍從們全都鴉雀無聲。

這一切該如何收場才好！

90. 帝王詭道

孫權很痛心，當初讓孫登與陸、潘共守武昌，一方面固然是讓陸、潘輔佐孫登，另一方面，何嘗不是讓孫登監視陸、潘的意思，可是如今這個不懂事的孫登居然完全站在了陸、潘一邊，指責父親的不是！

可惡，皇帝是這麼好當的麼？

不過說起來，這也是孫權自己的過錯啊！所謂養不教父之過，孫權冊立了孫登為太子，卻不把他放在自己身邊，而是把他留在了武昌，留在陸、潘等一群儒臣的身邊，近朱者赤近墨者黑，孫登耳濡目染之下，他的想法自然會更接近陸、潘。

想到這裡，孫權僵硬的身體慢慢緩和了下來，他的臉上慢慢地出現了一絲笑意：「嘿嘿……子高（孫登的字），你這麼想到也不錯，兒子大了，總要繼承父親的家業！哈哈哈……

既然如此，朕就來教你做皇帝的方法吧！」

孫登不解地抬頭望著父親，幾年前，正是孫權為他選擇了張昭做師傅，又選派諸葛恪等人侍講詩書，儒家經典，幾乎沒有遺漏。可是今天孫權又說什麼要教他「做皇帝的方法」，難道以往所學，都不是「做皇帝的方法」麼？

「你喜歡打比方，好，朕也打一個比方。你把社稷比喻做大屋，可是你錯了，大屋是靜止之物，而社稷之事卻是樹欲靜而風不止，所以朕把社稷比喻做大樹。」孫權說，「由此看來，可以說君為樹幹、臣為枝葉，無枝葉則樹乾枯死，然而枝葉太過茂盛，則需裁剪之。」

這個把君臣關係比喻為樹幹與枝葉的說法，實際上出自《韓非子》：

為人君者，數披其木，毋使木技扶疏；木枝扶疏，將塞公閭，私門將實，公庭將虛，主將壅圍。數披其木，無使木枝外拒；木枝外拒，將逼主處。數披其木，毋使枝大本小；枝大本小，將不勝春風；不勝春風，枝將害心。公子既眾，宗室憂唫。止之之道，數披其木，毋使枝茂。木數披，黨與乃離。掘其根本，木乃不神。填其洶淵，毋使水清。探其懷，奪之威。主上用之，若電若雷。

在孫權眼中，顧、陸、朱、張乃至潘、步、全、諸葛等主大臣都是需要裁剪的枝葉。身為帝王，時刻要防止這些大臣的勢力即「樹葉」太過茂盛！枝葉太茂盛了，就會遮擋住樹幹，反而傷害了樹幹的利益，甚至威脅到樹幹的生存。

而呂一這樣的臣子正是君王手中的剪刀，時常修剪枝葉，使枝葉不威脅到樹幹。韓非子說：「填平洶湧的深淵，也不要使水清澈，君王要探明臣子的內心，奪取他們的威勢。這才是君主之道，就好像雷電那樣令人震驚畏懼！」孫權以為，正是因為呂一這樣的臣子存在，君主的權勢才能震懾住潘濬這樣手握重兵的大臣，讓他們始終生活在君王之威的陰影之下，日日膽顫心驚，也就不敢生叛逆之念。

一句話，孫權既需要陸、潘這樣的良臣作為枝葉向四方伸展，也需要呂一這樣的剪刀來時刻修剪枝葉，保持幹、枝的平衡。

所謂為君之道，既有儒家那種仁義之正道，也有法家所謂權術之軌道。一個合格的君王應當是兼通兩道才是。

孫權說完，默默地瞅著兒子。看得出：一時之間，孫登很徬徨。孫權說，也罷，你也不要回武昌了，就留在建業吧，留在朕的身邊，多看看《韓非子》、《商君書》，少看一點《春秋》、《論語》，對於你將來做皇帝，大有好處！

孫登跪謝父親，可是心中依舊是一團亂麻。樹幹、枝葉，孫仲謀的理論，聽上去頗有一番道理，可是換個角度一想，究竟到什麼程度需要裁剪枝葉呢？陸、潘真的到了需要裁剪的程度麼？而呂一真的只是一把無意識的剪刀麼？

究竟是孫權在利用呂一的心計制裁過於茂盛的枝葉，還是呂一利用孫權的信任打擊國家棟梁，或者乾脆是兩者互相利用？

不得而知！

數日後，遠在武昌的陸伯言便得到了太子留京的消息，官方的解釋是這樣的：

因為皇帝陛下的幼子、建昌侯孫慮病逝，皇帝陛下憂傷過度，以至於龍體有損。太子孝感動天，星夜入京，安慰勸諫，陛下為之勉強加餐。太子言：「兒臣遠離父皇，孝道欠缺，內心不安。上大將軍陸議忠勤於國，武昌之事不足為憂！」皇帝陛下深感其言，於是批准太子留京。

既然陸伯言很可靠，孫登遠離老父親，孝道有缺，大吳以孝治天下，身為太子，當然應該留在父親身邊才是。這樣的邏輯，實在是通順得很。

對於陸伯言而言，這也是一道嘉獎的消息，因為皇帝和太子都承認他「忠勤」，「忠」是肯定他的政治立場，「勤」是肯定他的工作態度和能力。

可是微妙的空氣之下，總叫人胡思亂想。小道消息說：其實孫登是因為說了呂一的壞話，所以遭到了孫權的嚴厲斥責，被勒令留京反省。

究竟那一則消息是真？

孫舒城對丈夫說：「會不會有那種事？」

「什麼事？」

「廢立！」

陸伯言大吃一驚：「你怎麼會有這種想法？」

孫舒城嗤之以鼻：「是夫君你孤陋寡聞才是。這幾年來步夫人漸漸也失寵了，尤其是王夫人生了兒子之後。」

孫舒城所說「孫權和王夫人所生的兒子」便是孫和，夷陵之戰後兩年生於武昌，其母王夫人是諸葛亮的同鄉、琅琊人氏。隨家人避難於江東，被選秀入宮。在一眾得到寵幸的宮廷佳麗之中，她的地位僅次於步夫人。隨著步夫人年歲漸長、容顏衰老，王夫人更逐漸超越步夫人，成為孫權的最愛。

也正是這個緣故，大虎、小虎都不喜歡王夫人和孫和。大虎曾告訴孫舒城：「父皇搞不好會廢黜大哥，改立小三（孫登是孫權的長子，孫慮為次子，孫和排行第三，年齡又比大虎小，所以大虎稱為小三。）！」

孫和與陸伯言的兒子陸抗年齡倒是差不多，做父母的，總是會多疼愛一些稚子，像孫登這樣的大概會不太得老父的歡心吧！

陸伯言有點為孫登擔憂，可是他沒有理由也沒有能力干涉此事。他最有發言權的領域還是在軍事，可是最近孫權連這方面的事務也不太讓他參與了。黃龍三年年底孫權又想重演周魴詐降誘敵的故伎，這一會詐降的人是中郎將孫布，目標是曹魏帝國的揚州刺史王凌。按理說曹魏上過一回當，這次該吸取教訓了，可是偏偏不。王凌和當年的曹休一樣，又美滋滋的南下了。

不過王凌的派頭遠不如當年的曹休，他得不到中央的批准，只能派出七百人的小分隊去迎接孫布。孫權飢不擇食，無魚蝦也好，突擊這七百人，結果夜戰之中，曹軍軍官全跑了，只殺了一些士卒。

孫權分析這一戰的得失，認為突擊效果不好是因為自己的軍隊騎兵太少，機動性不足，這便動起了買馬了念頭。

江東的海裡有海馬，卻沒有馬。好馬都在北方，涼州、并州、幽州、遼東，都在曹魏帝國的統治之下。

「向遼東買馬如何？」

孫權一拍大腿，這真是個好主意！

91. 遼東買馬

三國鼎立時代，遼東是臣服於曹魏的一個半獨立王國。最早奠定這個半獨立王國基業之人，乃是東北人公孫度。他與董卓的驍將徐榮是同鄉，憑藉著這層關係，公孫度得到徐榮的推薦，當上了遼東太守。

「天下已經進入亂世，遠離中原的遼東未嘗不是一塊樂土！

「遼東的西面是烏丸，東面是玄菟郡以及高句麗，沃野千里，足以割據一方、稱王稱雄，等到中原戰火平息，真龍天子出現，再去投降也不遲！」

公孫度正是抱著這樣的心情來到遼東，也因為這個緣故，一上任他便以立威的姿態大開殺戒，與公孫度有宿怨的襄平縣令公孫昭第一個倒楣，被「笞殺於市」。接著是郡中的名豪大姓，被公孫度一口氣「夷滅百餘家」。於是「郡中震慄」，公孫度以恐怖手段在遼東樹立起了自己的權威。

對於遼東，割據河北的袁紹和挾制天子的曹操都採取了籠絡手段，建安九年（204），曹操上表任命公孫度為武威將軍，封永寧鄉侯。度死，兒子公孫康嗣位。這時袁紹已經被曹操擊破，袁紹的兩個敗家兒袁熙、袁尚先是投奔烏丸，接著又逃亡遼東。曹操不顧眾人勸阻，冒險襲破烏丸，對於遼東卻再次輕輕放過，於是公孫康斬了袁熙、袁尚，將二人首級送給曹操。

公孫康時代遼東最大的成就是打敗了高句麗。所謂高句麗，本是西漢帝國玄菟郡下的一個縣，和日南郡的象林縣一樣，他們乘亂獨立，自成一國。只不過高句麗國的成立要比林邑國更早一些，國力也更為強盛。正當東漢光武中興之際，高句麗吞併了玄菟古城沃沮，此後兩百年間，高句麗對漢朝的東北三鎮：樂浪郡、玄菟郡和遼東郡騷擾不斷。漢朝雖然偶爾出兵給予小小的懲戒，但總體而言並未給予足夠的重視。到了漢末，中原大亂，朝廷更是無力顧及東北之事。

建安十四年（西元209年），也就是赤壁之戰後一年，高句麗再度侵襲遼東，這一次公孫康不再姑息，大軍出擊，擊破來犯之敵，繼而深入敵境，一舉攻破了高句麗的都城丸都，迫使高句麗人無條件投降。公孫康掃蕩半島，設立了帶方郡統領半島。

公孫康時代是遼東的黃金時代，可惜老康的壽命不長，大約在曹操之死前後，他也死了，因為兩個兒子年紀還小，弟弟公孫恭接管了政權，這情形又頗與當年孫權接管江東相似。只不過公孫恭在位數年，便被姪兒公孫淵奪回了政權。

公孫淵的時代，內陸已經是三雄鼎立，距離遼東最近的當然是曹魏，可是從海上行舟南下，也能與東吳來往。於是公孫淵耍起了兩面派的手段，他既接受了曹魏的官職，又派出使臣，對孫權說盡了阿諛奉承之語。

公孫淵拍的這馬屁可非同凡響，它來自遙遠的遼東，孫權一時輕飄飄起來，以為自己真的了不起，居然聲威從江南遠播到了東北。

孫權認為：既然公孫淵對自己如此仰慕，向他買馬，他一定會欣然應允。於是孫權派遣將軍周賀、校尉裴潛組成採購團，乘船北上遼東買馬。

一個叫走好（周賀），一個叫賠錢（裴潛），這一趟遼東之行，從人名便已經流露出不吉利的先兆。

不過一路上倒還算風平浪靜，周賀、裴潛順利抵達遼東，見到了公孫淵，買了不少好馬，趕入船艙，這就打算回國。

然而此時已經是寒冬，渤海灣與黃海一帶，風高浪急。最好是避過這個季節，然而周賀、裴潛卻不敢久留。

「耽擱太久，皇帝陛下一定會怪罪我等！」

衛溫、諸葛直的悲劇，至今仍在將士們心中印象深刻。於是周賀、裴潛決定沿著海岸線南下，即從遼東半島渡海到山東半島，然後沿著山東與江蘇的海岸線回國。這樣做的好處是可以躲過風暴，壞處是容易被沿岸巡邏的曹魏軍人發現。可是周賀、裴潛別無選擇。

船隊行至成山角，這是山東半島的最東端，三面環海，像一個拳頭般伸入黃海，當年秦始皇尋求長生不死藥曾至此地，後世鄧世昌自沉殉國在也在這片海域。周賀、裴潛的悲劇在於，當他們行至成山角附近時，恰好風浪甚急，避風，周賀、裴潛下令船隊駛入港灣，登陸暫避大風，等風平浪靜再出發。然而成山角附近的海域礁石林立，水流迴旋湍急。周賀、裴潛又不熟悉地形，忙亂之間，多艘船隻觸礁擱淺，一時狼狽不堪。

可是這還不算最糟，更糟的是一支曹魏突擊隊在此地早已經等候多時，這是曹魏大將田豫的部隊，他本來是奉命討伐與孫權眉來眼去的公孫淵，可是徒勞無功，為了將功補過，田豫派遣了一支奇兵在此，目的就是攔截回國的東吳使臣。

這是一場無懸念的殲滅戰，大半個東吳採購團被消滅，周賀、裴潛戰死，只有停留在外圍的少數船隻冒著洶湧的風浪突出外海，孫權買來的大批好馬自然是如數被田豫沒收。

果然是賠錢之旅！

關於遼東，本該就此結束。孫權賠錢又賠人，連個馬蹄子都沒見到。然而故事偏偏不曾完結，這一年的冬季十月，一個來自遼東的使臣團又抵達了建業，他們帶來了公孫淵的奏章，奏章中稱孫權為「陛下」，公孫淵則自稱「臣」。

「從此以後遼東便脫離魏國，成為大吳的藩屬！」

這一番表忠心的言辭，聽得孫權心花怒放、手舞足蹈：「這是朕登基以來最歡喜的一天！」他下令大赦境內，本來他正準備舉行例行的冬日郊祀，如今一概取消：

「郊祀當於土中，今非其所，於何施此？」

孫權的心中在呼喊：「朕要去中州洛陽舉行祭祀！」不過眼下先要做的是嘉獎遠來的藩臣，他頒發了一道聖旨說：

「朕以不德，肇受元命，夙夜兢兢，不遑假寢。思平世難，救濟黎庶，上答神祇，下慰民望。是以眷眷，勤求俊傑，將與戮力，共定海內，苟在同心，與之偕老。今使持節督幽州領青州牧遼東太守燕王，久脅賊虜，隔在一方，雖乃心於國，其路靡緣。今因天命，遠遣二使，款誠顯露，章表殷勤，朕之得此，何喜如之！雖湯遇伊尹，周獲呂望，世祖未定而得河右，方之今日，豈復是過？普天一統，於是定矣。書不云乎，『一人有慶，兆民賴之』。其大赦天下，與之更始，其明下州郡，咸使聞知。特下燕國，奉宣詔恩，令普天率土備聞斯慶。」

大意是說公孫淵的忠心可嘉，為了鼓勵他的遠來臣服，孫權冊封公孫淵為燕王，領有幽州和青州。接下來便是意淫了，他把自己和公孫淵的關係比喻為成湯和伊尹、周文王和姜子牙、劉秀和竇融，在孫權的想像中，隨著公孫淵的臣服，大吳一統天下、普天同慶的日子已經不遠了。

「我們的皇帝又在異想天開了！」久已遠離政治的老臣張昭實在是看不下去了，「這小子把我這個老頭子冷落一邊，本以為他翅膀長硬了、有能耐了，可是看看他做的那些事，我老頭子要是不去點醒他，他還真的以為自己上天了！」

這時孫權已經下令，派遣太常張彌（太常潘濬出征武陵蠻後，他的職位由張彌取代）、執金吾許晏、將軍賀達組成一個龐大的訪遼團，帶著金銀珠寶、九錫備物，與公孫淵的使者同去遼東。

「上次派兵太少，所以才會被曹魏偷襲得手！」孫權這一次撥了一萬人的水師，規模與衛溫、諸葛直訪求夷洲一樣。

丞相顧雍帶著全體朝臣勸阻，孫權根本是不屑一顧。

這時張昭的奏章遞上來了，老夫子已經多年不上朝、不上奏章。孫權倒有些想他了，興沖沖打開奏章一看：「你以為公孫淵是真心稱臣於你麼，那小子只不過是打算背叛曹魏自立，害怕曹魏攻打他，所以胡亂拉個靠山。你瞧著吧，風雲流轉，萬一他突然改變主意，張彌、許晏兩位大臣的人頭可就成了他向曹魏表忠心的禮物！到時候，天下人都會恥笑你孫仲謀愚蠢！」

孫權的臉都綠了。

92. 張府與玄菟

「張子布進宮面聖了！」

沉寂許久的老夫子張昭突然高調錶態，猶如一石激起千層浪。近如丞相顧雍，遠如武昌的陸伯言，都蹺足以待，期待事情會不會因此出現轉機。

宮中不斷有消息傳出：「皇帝陛下與張夫子對坐懇談……」

「張老夫子的態度很執著，可是陛下也不肯讓步……」

「陛下發怒了……」

「陛下拔劍了……」

事實上起初孫權並未拔劍，只是按住劍柄而已。無法說服張昭支持自己的孫權終於忍無可忍，對七十歲高齡的張老夫子咆哮起來：「吳國的士大夫，進入這道宮門就向朕跪拜，出了這道宮門就向你敬拜，朕對你的警重，實在是很可以了！可是你多次在大庭廣眾之下羞辱朕，朕真怕自己控制不住自己，作出可怕之事！」

孫權這個人很少發火。以往為了呂一的事，他曾經怒斥太子孫登，可那畢竟是父子之間。老爸訓兒子，天經地義！然而如今面前坐的卻是張昭，東吳帝國最有資歷的人、孫權曾經把他當做自己的父親和老師般看待。

隨著大聲咆哮，孫權無法自控地拔出了佩劍。

孫仲謀要殺張老夫子麼？

誰還記得當年十九歲的孫權把頭靠在老張的肩膀上哭泣時的情景呢？不，只有老張自己還記得。

張老夫子落淚了。

「原來老臣的話讓陛下生氣了！」他喃喃自語說，「是啊，老臣也以為陛下不會再聽老臣的嘮叨了，可是老臣為什麼還要說個不停呢？老臣並沒有三頭六臂，老臣也怕死啊！」

此時的大殿之上，死一般地寂靜，唯聽見張老夫子的啜泣之聲：

「可是老臣還是要說啊，因為當年太后仙逝之時，曾把我這個老傢伙叫到榻前，把陛下囑託給老臣，那些話，至今還在老臣的耳邊迴響！」

大殿之上，另一個人也哭泣了，這是孫仲謀。咣噹一聲，佩劍落在了地上。撲通一聲，孫權面對著張昭跪了下來，兩人抱頭痛哭。

當此時，就是大殿上那些侍從也忍不住抹起了眼淚。

真是感人啊！自古以來誰曾見過這樣的一對君臣……

然而，感動歸感動，末了孫權還是拒絕了張昭的勸諫，決定向遼東派遣使臣、冊封公孫淵為燕王等等。

張彌、許晏出發的第二天，剛剛恢復朝見的張昭上了告病的摺子，拒絕再和孫權見面。

「既然如此，你我也就不必再相見了！」

「豈有此理，你以為朕很想見到你這副臭臉麼！」孫權大怒，當天宮裡派出了一批工人，用泥土糊住了張府的大門。

「封了也好，倒我幫我節省了請匠人的工錢！」

張昭乾脆自己帶著家人動手，在大門裡面也糊了一道泥牆，發誓永不再見孫仲謀。

這件事大概發生於嘉禾二年（233）的春天，就在這樣的事件背景之下，張彌、許晏兩位大臣率領的萬人團抵達了遼東，見到了「遼東之虎」公孫淵。

「陛下對臣真是太好了！」

從表面看，公孫淵給予東吳使團貴賓級待遇，殷切備至。實際上，遼東君臣已經在商量如何算計這些吳人。

「所謂遠水救不了近火，孫權畢竟距離我們太過遙遠，如果我們真的與魏國對抗，吳人根本幫不上我們！」

「此言甚是，我倒有一個主意。把這些吳人斬首，然後送人頭去洛陽，一定可以得到大魏皇帝陛下的歡心。」

「呸，這麼做未免太過無恥！」

「亂世之中，無恥之輩才能得生，那些以道德高尚自居的儒生有什麼用？」

「話雖如此，東吳的使團實在太龐大了。如果動手，未必能一舉消滅他們。」

「強攻不行，那就智取好了！」

數日之後，遼東人告訴張彌、許晏，因為使團人數太多，一城之力供養困難，因此打算把使團分散成幾十個小分隊，到遼東、帶方、樂浪、玄菟等郡分別居住。

張彌、許晏與使團成員連夜商量：

「我們奉命來此，絕對不能分散！」

「一旦分散各地，燕人如有惡意，我等將會被各個擊破……」

「難道我們能以這個理由拒絕麼，還是客隨主便吧，想來燕王並無惡意！」

最後的決定還是服從了公孫淵的安排，一萬人的東吳使團被拆散，安置到數十個地方。

這一年的夏季，公孫淵終於下定決心，翻臉無情的遼東人迅速制服了張彌、許晏，將二人斬首，首級送往洛陽。其餘人員悉數被囚禁起來，等待發落。最終也難免被斬首的厄運。

在遼東之北方的玄菟郡，有一個六、七十人的小分隊被安置在了荒涼的鄉間。在這個小分隊中，有四名使團的中低階官員，分別是秦旦、張群、杜德和黃強。

「燕人果然背信棄義，張子布說得一點不錯，只是我們這些人被困在這個荒山野嶺，該如此是好？」

「天無絕人之路，這個郡人口稀少，防守薄弱，我們都是訓練有素的戰士。依我之見，倒不如來個魚死網破，放火燒了這個城，殺了太守，到時候即便死了，也比窩窩囊囊地等死要好上百倍千倍！」

玄菟郡的確是一個很薄弱的郡，全郡戶口據說只有兩百人家，公孫淵的軍隊集結在遼東一線，所以駐紮在玄菟郡的兵也寥寥無幾。至於玄菟郡太守，對於這些東吳人也很是鄙視，根本沒當一回事，沒收了他們的武器之後，乾脆把他們當奴隸使用。

「這裡的男人很少，表現好的話，說不定會賜你一個女人。」

於是秦旦、張群們決定發動一場暴動，日期定在中秋後四天也就是八月十九日的夜晚。

不知為何，這件事被一個叫張松的玄菟農民給知道了，他向太守告密，太守大吃一驚，連忙關閉城門，同時下令搜捕秦旦、張群等暴亂分子。

「大事不妙，不管去哪裡，逃出去再說！」一片混亂之中，秦旦、張群等人翻越矮牆逃走。

玄菟城外，是莽莽荒原，四個來自江南的士大夫為了求生，也只好鼓足了勇氣，向密麻麻的山林中亂鑽。

「西面是敵人的城池，南面有軍士阻截，我們唯有向東北方向走了！」

「那豈不是越走越遠？」

「哪裡顧得了那麼多，先逃避追兵再說！」

雪上加霜的是，張群的膝蓋上生了一個瘡，疼痛難忍，走路艱難，雖然好朋友杜德一直攙扶著他，可是以這樣的速度前行下去，就算不被追兵殺死，四個人也會凍死或餓死在山裡。

「這是天意啊，我大概是活不下去了，各位自便吧，不必管我！」張群一屁股坐在了草地上。

「我們離家萬里來到這裡，生死與共，哪有拋棄你的道理！」

四個人在草地中守望痛哭，幾乎已經到了絕望的邊緣。

最後還是杜德想出了一個辦法，他讓秦旦、黃強先走，自己留下陪伴張群。

「此地有不少野果野菜，我和張公多少能支持些日子，你們二人一路前行，若有生機，再來相救！」

茫茫荒原，哪裡有生機。所謂「再來相救」，這不過是安慰話罷了。可是四個人都困守在此的話，只有死路一條。

最終，秦旦、黃強揮淚起程，他們翻越過這道山林，終於發現了獵人的痕跡。

「你們是遼東奸細？」這些獵人以生硬的漢語叱問。

「不是，我等是吳國人！」

秦旦、黃強的南方口音和獵人的生硬漢語實在難以溝通，可是至少獵人們也看出了這些人的古怪，他們決定把這些古怪之人送到「大王」那裡去。

「讓大王來決定你們的生死吧！」

數日之後，秦旦、黃強終於被帶出了茫茫山林，他們的面前出現了一座險峻的山城。原來這幾個東吳人在不經意間居然從玄菟進入了高句麗國境內，眼前這座山城便是丸都，多年前與公孫氏的戰爭中，公孫氏的軍隊摧毀了高句麗在山下的都城（國內城），於是高句麗人遷徙到山上，修築了新的都城。秦旦、黃強所至，正是高句麗人的新都。

上蒼給了秦旦、黃強一線生機。高句麗人是公孫氏的敵人，而秦旦、黃強是從玄菟城中逃亡出來的犯人，「敵人的敵人是朋友」這句話在這裡是否適用呢？

93. 別了，可愛的張夫子

這一年是西元233年，當時在位的高句麗大王乃是第十一任國王高位宮，史稱「東川王」。六年前，高位宮的父親、修築了丸都山城的山上王病死，高位宮繼承王位至今，謹慎地保持對遼東公孫氏的警惕，同時也念念不忘尋找遼東的空隙襲取土地與人民。

和中國土地上大多數部族一樣，高句麗自認為是三皇五帝的後代，《晉書》記載說：「朱蒙（高句麗始祖）自以高辛氏之後，姓高氏。」高辛氏就是黃帝的曾孫子帝嚳。

聽說城外獵戶逮到了兩個中華衣冠、古怪口音的人，高位宮產生了濃厚的興趣。他知道在公孫淵的西方，有強大的魏國，在南方則有吳國。高位宮一直希望和魏國取得聯繫，這樣可以東西夾攻遼東，消滅他所痛恨的公孫氏。然而魏國卻一直對遼東籠絡姑息，高位宮不免大失所望。

「爾等是魏國人麼？」高位宮在師傅的教育下，能說一口還算流利的漢話。

「我二人是從吳國來的。」答話的是秦旦，他知道高句麗與遼東不和，為了求生，他決定撒一個彌天大謊。

「吳國麼？敝國與吳國素無往來，為何二位會突然來訪呢？」

「吾皇聽說大王雖然身在夷狄，而頗慕華夏之風，所以特命小臣前來賜金。」

「哦！」聽說有賜金，東川王提起了興趣。

「大吳皇帝所賜之物，有黃金一百斤、白銀二百斤、高句麗王金印一枚，另有寶劍、珍珠等物。」雖然是扯謊，禮官出身的秦旦也說得若有其事。

「所賜之物何在？」

「小臣等乘大船而來，不想被海風誤吹至遼東，那遼東太守公孫淵，不分青紅皂白，殺了臣的從人，奪了臣的船隻，更將大吳皇帝所賜之物全部掠去！」秦旦唯有指證遼東，不過公孫淵得了孫權的黃金珠寶乃是事實，秦旦所言也不全然是假。

「豈有此理！」

東川王大怒，不過他怒的是遼東世仇公孫淵，對於遠道而來的東吳使臣，他歡喜還來不及呢！

「公孫氏委實可恨，將來大吳皇帝若是發兵懲戒，我高句麗一定出力！」

「多謝大王美意。不過小臣還有兩個從人，被困於山林中，希望大王能派人相救！」

這事簡單。東川王立刻派人去林中接來了張群、杜德。四個吳人重相逢，逃過一劫，彷彿重生一般，真是喜出望外。東川王又選派二十五名奴僕送秦旦等人從海上返回吳國，更向孫權進貢東北特產貂皮一千件、鶡雞皮十具。

這真是大難不死必有後福，當秦旦等人在數月之後見到孫權時，悲喜交加，真不知該說什麼是好。

「遼東的事，朕已經知道了。」孫權說完這句話，喉嚨哽咽了。

為何當初就聽不進張老夫子的良苦忠告呢？

這時，張昭的府邸大門還被泥土封著呢，張家的僕人每天用梯子爬到府外去買菜及日用雜物，然而身為士大夫是要守信的，張昭確實一天也沒有出過門。

「把封泥都拆了吧，請老夫子出來相見！」孫權說，「朕要向他道歉！」

泥牆很快被打碎了，可是門敲不開，因為裡面還糊著一道牆呢，那是張昭自己糊的。

「張公，請出來吧！」

牆裡面回話的居然是一個下人，他回答說：「將軍（張昭的官位是輔吳將軍）確實病得很重，陛下請回吧！」

嘿！孫權說，既然病重，那就讓御醫進去為張公瞧瞧吧。那下人說：不必了，將軍說他的病情自己知道，不用勞煩御醫。

空扯了半天，孫仲謀身為一國之君，居然跟一個下人唧唧歪歪。他只好打道回宮。一路上越想越氣，一切歸根結柢都是公孫淵的錯。

特別是從邊關傳來曹魏嘉獎公孫淵，加封他為樂浪公的消息之後，孫權更是怒不可遏，宮裡人都說：皇帝飯也吃不下覺也睡不好，簡直都快氣瘋了！

這一日的早朝，孫權咆哮著宣布了一個重大決定：他要親征遼東。

「朕年六十，世事難易，靡所不嘗。近為鼠子所前卻，令人氣踴如山。不自截鼠子頭以擲於海，無顏復臨萬國。就令顛沛，不以為恨！」

孫權說自己活了六十歲，什麼事沒見過，居然會被公孫淵這個鼠輩戲弄，此刻孫權內心的火焰奔湧如山，如果不能親自砍下公孫淵這個鼠輩的人頭扔到海裡，孫權還有什麼臉面治理國家。就算是國破人亡，也要雪這個恥！

孫權真的是生氣了，生氣到了口不擇言。連「顛沛」這樣不吉利的話都說出來了。親征遼東，若是說說洩恨也就罷了，若是孫權真的想這麼做，東吳就完了。可以斷言，孫權的雙腳一踏上北上遼東的大船，曹魏的大軍便直指建業。

以陸伯言為首的一班文臣武將，自然紛紛上書勸阻。

不過是氣話罷了，孫仲謀還不至於混蛋到這個程度。

「如何能讓張子布出府呢？」近幾日孫權所思無非這件事，倔強的老夫子讓人很是頭痛啊！

「自古以來，有像張昭這樣不給皇帝面子的大臣麼？」孫權問呂一。呂一回答了一個字：

「無！」

「你有法子引張子布出來麼？」

「有！」

呂一的靈感，源自春秋。當年介子推隱於綿山。晉文公求之不得，下令放火焚山。呂一勸孫權也玩一把火，來個火燒張府。

「張公畢竟是個書生，一見失火，必然驚慌失措，奪門而出，到時候陛下正好守在門口，堵個正著！」

這麼個餿到不能再餿的主意，居然被孫權採納了。這夜張府的大門忽然燃起一把大火，不用說，這就是孫權幹的好事。

「陛下，慢飲一杯酒，等張公出來吧！」呂一還頗有興致、別出心裁地為孫權準備了酒餚，一邊飲酒，一邊等張昭衣衫不整地出現。

「哈哈，這倒也有趣！朕很想看看張公狼狽時的樣子！」

可是眼看著大火熊熊燃燒，張府大呼小叫之聲不絕，可是不見一個人出來。

「呂卿，晉文公火焚綿山，後來介子推出山了麼？」

「不曾，介子推被燒死了！」

「嘿！」孫權一把推了呂一一個踉蹌，趕緊下令救火。

火很快就撲滅了，孫仲謀急沖沖地奔至被燒得一片焦炭的張府之門戶，久久地站立無語。庭院中，張昭的兩個兒子張承和張休扶著一張榻，榻上一個白髮蒼蒼的老翁，正是張昭。

一時誰也不知該說些什麼為好，許久還是孫權打破了僵局：「張公，多日不見，你老了。」

「老臣已經是七十七了，能不老麼？」

「朕也已經五十多了，在張公面前不敢言老。可是歲月畢竟不饒人，張公，這把歲數咱就不要鬧彆扭了！」

孫權親手扶著張昭上了自己的皇家馬車，請他入宮，向他致歉。

隨著馬蹄聲的遠去，張家的兒子們深深地嘆了一口氣。後來的史官如是記載了這史上罕見的君臣一幕：「吳主使人滅火，住門良久。昭諸子共扶昭起，吳主載以還宮，深自克責。昭不得已，然後朝會。」

三國的君臣關係中，曹操與郭嘉、劉備與孔明、孫策與周瑜的君臣之交都被後人傳為美談，至於孫權與張昭的這一段你來我往的真實故事，實在叫人感懷萬千，說不出是該稱讚還是惋惜，唯有一個「真」字可以概括其中深意。

也正是因為「真」，千古之中，只此一例！

三年後，張昭去世，享年八十一，遺囑中吩咐兒子對其薄葬，只需裹一塊頭巾、簡單的棺材、穿尋常的衣服即可。聞知噩耗，孫權素服弔唁。

從此東吳帝國失去了一個老人的見證，後世演義小說對這位老人頗為貶低，然而史冊還是為他留下了應有的位置。陳壽評論說：「張昭受遺輔佐，功勳克舉，忠謇方直，動不為己。而以嚴見憚，以高見外，既不處宰相，又不登師保，從容閭巷，養老而已，以此明權之不及策也。」事實上，張昭在很多方面都像一個人，那便是項羽的亞父范增。

司馬路曾在《漢朝的密碼》的一書中如此感懷范增的結局：

對於范增的離去，項羽沒有作太多挽留。羽翼豐滿的幼鷹，往往急於離開母鷹的懷抱，去翱翔天空。初出茅廬的青年，更是不耐煩老父親的絮叨。年少英武，早就名滿天下的西楚霸王，或許久已厭倦亞父的嘮叨，更不滿於他老人家的說教訓斥。范增的離去，自然是滿腹感傷，今日之西楚霸王，已非當年叔父暴死，茫然失措的少年項羽。當初那依靠在亞父肩頭哭泣的頭顱，如今已是高高昂起，不屑一顧！

這樣的話，大致也可以用在張昭身上吧。只是孫權的性格較項羽更為柔和，所以最終的結局在傷感之餘也有了一份溫情。在冷冰冰的歷史歲月中，這樣的一份溫情實在是很難得。

別了，張子布！——一個固執而又可愛的老夫子！

第十二章 赤烏夕照

我想我的確是老了，但還不至於老糊塗。老頭子孫仲謀自然和小夥子孫仲謀不一樣。同樣一件事，小夥子孫仲謀會這樣做而老頭子孫仲謀卻會那樣做。我知道有人在私底下說我漸漸地年老昏悖，我不承認，我只承認歲月改變了我，改變得很多。

——孫仲謀的獨白

94. 不請自來的烏鴉

一群烏鴉不知何時聚集在了大殿前的廣場上，在落日的餘暉中，這些烏鴉的身體被染紅，儼如遠古神話中的三足赤烏一般。

年近六旬的孫權看著這一場景，不覺動容。當年武王伐紂、觀兵於孟津，傳說有一股流火墜落於王屋山，化為紅色的三足烏鴉即三足赤烏。長期以來，人們都把赤烏的出現當做是一種祥端。

然而實際上，所謂紅色的烏鴉只不過是被殘陽映照而已，走近一看，烏鴉仍舊是烏鴉，黑色的烏鴉，牠們成群結隊，落在大殿前，又群起而飛走，一邊飛、一邊呱呱地叫著。

然而在許多經歷過沙場的人看來，烏鴉的叫聲又是一種不祥之兆。因為牠是一種食腐動物，每當沙場廝殺結束，不知何處便會飛來大群烏鴉，啄食陣亡將士的屍體。以至於每逢烏鴉呱呱一叫，老兵們就不寒而慄，感覺牠們要來啄自己的皮肉。

打吧打吧、殺呀殺呀，無論魏、蜀、吳，誰都不是最終的勝利者，唯有那黑色的烏鴉，才是死亡盛宴的享受者！

如今這群烏鴉卻不請自來地飛臨建業，難道是牠們已經嗅到了東吳帝國死亡的氣息麼？

西元 238 年，孫權下詔改元赤烏。

事實上，建業宮中的確有喪事，蒙受孫權恩寵多年、生下了大虎和小虎姐妹的步夫人撒手人寰，令孫權最痛心的是，因為群臣的反對，步夫人至死也未能當上皇后（群臣支持孫登的養母徐夫人）。孫權只能在步夫人死後，追贈皇后，把一顆鳳印放入她的棺木，聊表心意。送走了親愛的步夫人，孫權心中沉重。更遷怒於那些反對他封步夫人為皇后的臣子們。

「這都是丞相顧雍的過失！」呂一不失時機地說了這麼一句話。

結果顧雍倒楣了，一連數天遭到孫仲謀的嚴厲斥責，而可憐的顧雍根本不曉得自己什麼地方得罪了皇帝陛下。

呂一的私黨中，有一位謝侍郎對顧雍的人品風度都很推崇，他悄悄地告誡呂一：「若顧公被免職，大人以為誰最有可能接替丞相之職。」

這個問題倒把呂一難住了，他千算計萬算計卻漏算計了這一點。張昭已經死了，皇帝對陸伯言又漸漸冷淡了，諸葛瑾似乎也不得皇帝歡心，那麼會是誰呢？

謝侍郎點撥他說：「您看會不會是潘太常？」

潘濬最近平定了武陵蠻，功勞很大，孫權對他頗為欣賞，可以說是恩眷方隆。況且顧雍拜相之前的職位也是太常。

「差不多會是他吧！」呂一的心一沉，這不是天意弄人麼，怎麼偏偏會是潘濬呢？

「潘太常與大人的過節，大人難道忘了麼？在下可是他說潘太常一直懷恨在心，對大人咬牙切齒。恐怕他一旦當上了丞相，大人可就危險了！」

其中利害，呂一怎能不明白。與其放出潘濬這頭猛虎來咬自己，還不如讓顧雍這頭沒牙的獅子多活幾日！

算了吧！

可是潘濬已經獲准入京，他進京的第一個大舉動，就是請所有官員大吃一頓，當然也包括呂一在內。

「潘太常請呂某吃飯麼？」

「不是單請呂中書一人，而是普請百官！」

「哦，原來如此，告訴太常，呂某一定按時赴宴！」

然而正當呂一穿戴整齊、準備到仇人那裡大吃特吃之時，他得到了一份密報（呂一的另一身分是校事頭目，他的手下有大批校事官，即特務）。

「潘濬宴請絕非好意，他有意在酒酣之際親手刺殺大人！」

「他瘋了麼，刺殺了本官，皇帝陛下一定會將潘氏族滅！」

「潘濬決心殺死大人之後揮劍自殺向皇帝謝罪，他說為國除害、顧不得身家了！」

「瘋了瘋了！這老頭真是一個十足的瘋子！」

到了這時，呂一那裡還有赴宴的心情。唯有託辭有病，推辭了潘太常的宴請。

「呂一病了麼，什麼時候死，我一定多買些紙錢燒給他！」

呂一懶得理會一個瘋子，這日他無意中遇見了一支下葬的隊伍。

「如此風光大葬，究竟是哪一家官宦大族？」

某校事回答說：「不是什麼大戶人家，只是一個小吏而已。」

「胡說，何等小吏人家能有如此財力？」

「小吏家中貧寒，只是小吏的上司出手闊綽罷了！」

「哦，那麼這位出手闊綽的上司又是誰呢？」

「駟馬爺、左將軍朱據。」

呂一想起來了，說起來這小吏的死還與他有著莫大的關係。這幾年來孫權推行貨幣改革，發行了一種一枚可當舊錢五百枚使用的「大錢」。前一陣子有司發了軍餉「大錢」三萬緡（古代貨幣單位，一緡等於一千文）給朱據，然而這筆鉅款卻在發放流程中不翼而飛。呂一認為是朱據貪汙，下令逮捕朱據軍中主管財務的官吏嚴刑拷打。

那小吏嘴硬得很，直到眼珠子被打爆出來了也未透露半句朱據貪汙的信息。令呂一大為失望。但是現在，呂一卻有了重大發現：「朱據為這樣一個小小官吏風光大葬，豈不正說明他心中有鬼。那名官吏一定是為朱據死扛下了罪名，而朱據則厚葬此人作為報答。」

呂一立刻向孫權添油加醋地報告了此事：「這個小吏可謂忠義之吏，為隱瞞上官的過錯而寧死不語。可是這正是朱據的可鄙之處，以一個小吏來掩蓋自己貪汙的事實！」

「朱據雖然是朕的駟馬，不過既然證據確鑿，所謂王子犯法與庶民同罪……」

孫仲謀隨即召來朱據質問，朱據的回答是：「臣見此吏無辜慘死，心生憐惜，這才與他厚葬，怎麼能據此就說臣與他勾結貪汙軍餉呢？」

朱據的辯白完全沒用，孫權幾乎已經肯定他的確是貪汙了那三萬。

「堂堂一個駙馬，居然貪汙將士的錢餉，實在是可恥之極！」

無奈之下，朱據唯有搬出駙馬府，跪在乾草上等待問罪。

95. 爭權之局

建業宮中，孫權正讓呂一擬寫處死朱據的聖旨。

「公主求見！」

孫權的女兒小虎為了救自己的丈夫朱據，已經在宮門求見了不下十次，然而孫權狠下心來拒絕接見。

「女兒家畢竟頭髮長見識短，天下除了朱據就沒了好男人了麼？殺了朱據，朕再為他找個好郎君便是。這個時候見她，一定哭鬧耍蠻，不見！不見！」

「丞相求見！」

自從上次被孫權臭罵一頓之後，顧雍沉默了許久。以他的性格與處境，應該不會為了朱據強辯。孫權點點頭，讓他進來。

顧雍進宮之後，第一句話就是問朱據所犯何罪？孫權懶得回答，還是呂一在旁說出了罪名。

此時呂一磨刀霍霍向豬羊，已經是勝利在望。在他看來，無論顧雍說破嘴皮子也救不了朱據。

「若駟馬貪汙之罪子虛烏有，是否可以釋放？」

「廢話，沒罪朕為難自己的女婿做甚！」孫權對顧雍說話早已完全沒有了好臉色。

「陛下，臣已經查明，所謂駟馬貪汙一案，純屬捏造陷害！」

顧雍是有備而來的。令呂一始料未及的是：那不翼而飛的三萬緡「大錢」居然又出現了，一個叫劉助的官員查明原來是工匠王某竊取了這筆鉅款，如今人贓並獲，足以證明朱據的清白。

一瞬間，呂一突然想到：這莫非一開始就是苦肉計，朱據故意露出破綻，讓自己上鉤。然後顧雍適時出現，拿出鐵證如山！

「哦，原來朱據是被冤枉了。」呂一覺得孫權的表情和語氣都與往日不同，十分地古怪而誇張。

「連朕的女婿都被迫害，究竟是何人如此大膽呢？」孫權瞅了一眼呂一，呂一有一種大事不妙的直覺。

「陛下，到了這個時候不能再袒護這個小人了！」顧雍痛心疾首地說，呂一覺得丞相的語氣也很誇張。

「元嘆，朕從未袒護過誰……」孫權表情嚴肅，但是很平靜，「來人啊，把這傢伙帶下去吧！」

這時呂一已經如抽去骨頭的一堆爛肉般癱倒在地，兩個武士挾持著他，就好像拖著一個小孩子似的。他甚至沒有喊一聲冤枉，只是在即將被拖出大殿之時，他嘟囔著說了一句話：「臣忠心耿耿……」

話沒說完他就被拖了出去，沒有人有興趣聽他說什麼，包括孫仲謀在內。

「好好審審他，看看這廝究竟背著朕做了多少壞事！」孫權把這差使給了顧雍。

廷尉監獄這個地方，呂一並不陌生。當顧雍和兩位陪審的大臣出現在他面前時，他不屑地抬了抬眼皮。

「也好，顧元嘆，是你報復我的時候了！」

「呂一，本相與你無冤無仇，有何報復可言！」

「呵呵，何必掩飾！你的心中一定快意得很，也罷，這便是所謂天意弄人。」

「你為何陷害朱駙馬？」

「呵呵，我呂某矛頭所指，豈止是一個小小的朱據！不過既然敗了，也就無話可說。呂某唯知忠心為陛下效勞而已！」

「無恥之徒！」一個姓懷的尚書郎無法忍受呂一的囂張態度，指著呂一的鼻子大罵，「你也配說忠！」

「哈哈哈……」呂一發出一陣毛骨悚然的大笑，「一個小小的尚書郎居然敢指著呂某的鼻子，你可知，你不過一條小小魚蝦，呂某為陛下所獵取的可是顧、陸、朱、張這樣的大魚！」

畢竟身為丞相，顧雍最是冷靜沉著，他問呂一：「既然你自居為忠臣，為何在此？」

聽了這話，呂一終於耷拉下腦袋，是的，既然你自詡為替皇上辦事的忠臣，為何會被皇帝打下大牢呢？不過這個問題呂一已經想明白了。

「原來是呂某錯了！」

當初孫權怒斥太子孫登之時，曾經將呂一比喻為他用來修剪枝葉的剪刀。然而孫權還有一層意思並未說明，那就是呂一這樣的剪刀，同時亦是帝王的暗器。所謂暗器，自然是要隱蔽在無人知曉處，乘敵不備用之。所以呂一這樣的角色，本就該隱沒無人知曉，猶如豺狼般隱蔽於亂草中，一旦窺見獵物之誤，迅速撲出撕咬這才是正道。

然而近幾年來，呂一卻忘卻了這一點，做事越來越囂張的他漸漸被大臣們所警惕。潘濬就是一個典型的例子，他居然想刺殺呂一。這對於呂一而言實在是莫大的諷刺。然而亦是莫大的悲哀，因為當一匹在黑暗中窺探獵物的豺狼成了別人眼中的獵物。

孫權之所以相信、重用呂一，是因為可以用呂一來制約顧陸朱張等大族，可是如今呂一這招暗棋已經完全暴露，成了明棋的呂一也就毫無價值。既然無用，孫權以為，倒不如拋給顧陸朱張做一個安慰性的小禮物。

「看，朕已經把對你們不利的呂一斬殺，你們可要忠心事主！」

藉此也可以麻痺四大族，讓他們以為危機已經過去。一念及此，呂一的臉上又露出了嘲笑的神色：「鹿死誰手，尚未可知！」

我只是一粒棄子而已，如果你們這些大臣以為從此可以高枕無憂，那就大錯特錯了！

數日後，呂一被判以死刑，有人甚至主張用久已廢除的殘酷刑罰如「車裂」、「焚如」來對付他，可見呂一之招人恨。最後還是闞澤說了句：「盛明之世，不宜復有此刑。」這才賜了呂一一個痛快。

奸佞已除，從此將天下太平了！

真的麼？

96. 餘波未平

呂一死後，孫權派出中書郎袁禮訪問各個重要將領的駐地，一是道歉，說自己錯用了呂一這個奸佞，二是徵求意見，問諸位對時局有什麼看法，無需客氣，一一說來。

首先是武昌的陸伯言和潘濬，接著是江陵的朱然、公安的諸葛瑾，最後是西陵的步騭、交州的呂岱。

陸伯言和潘濬聽說萬惡的呂一被斬首了，反應強烈，史書上說是：「泣涕懇惻，辭旨辛苦，至乃懷執危怖，有不自安之心。」前半句是說他們感動得哭了，後半句是說他們還是很不安、很害怕，為什麼呢？因為擔心呂一這樣的角色還會再三出現。

至於朱然、諸葛瑾、步騭、呂岱這四位大將，他們的應對很滑頭。儘管身在不同的城池，說出來的話也幾乎一致：「俺們都是軍人，只知道打打殺殺，政治這種複雜的東西實在不懂，所以也提不出什麼建議。還是陸伯言、潘承明他們兩個文武全才，問他們好了，咱沒意見。」

說到底，是被孫權這幾年的手段給嚇怕了，不敢亂說，生怕說錯話給自己惹麻煩。

其實所有人的心裡都是雪亮雪亮，呂一之所以能如此囂張，誰是幕後黑手？答案不言而喻。咱在外浴血奮戰，無非是為了你的江山。你倒好，朝咱背後耍飛刀，嘿嘿，大家心照不宣……

結果袁禮蹓躂了一圈回來，什麼也沒問著。孫權只好又發一道詔書給諸葛瑾、步騭、朱然、呂岱這四位大將：「子瑜、子山（步騭）、義封（朱然）、定公（呂岱），你們把責任都推到伯言和承明頭上，而伯言和承明呢，哭哭啼啼、恐懼害怕！這是為了什麼呢？世上只有聖人才不會犯錯，朕只是一個普通人，怎麼能沒有過錯。朕的確傷害了各位，可那是朕一時糊塗……」

在這封頗為獨特的詔書中，孫權向大將們發起了感情攻勢：「朕和諸位結下君臣緣分，從小到大，從黑頭髮到白頭髮，可以說是——義雖君臣，恩猶骨肉，榮福喜戚，相與共之——如今你們怎麼可以因為朕的一點過失而閉口不言、明哲保身呢？」

接下來孫權說到了齊桓公，他說齊桓公做了好事，管仲就讚揚他，有了過失就勸諫他，勸了不聽，反覆再勸，直到聽話為止。如今朕自己想想自己還遠遠不如齊桓公的賢德，為什麼就聽不到諸位的諫諍之言呢？就這一點而言，朕並不比齊桓公差，不知諸位比管仲如何？

說來說去，無非是要大將們直言。然而大將們的反應又如何呢？

「真的是說的比唱的還好聽，什麼叫逆龍鱗！誰要是真的信了這篇鬼話——有了過失就勸諫他，勸了不聽，反覆再勸，直到聽話為止——那就離掉腦袋不遠了！」

一年之後，東吳帝國最勇於剛直進言的太常潘濬去世了，他選擇了一個最好的時代離場，他最痛恨的呂一已經伏誅了，孫仲謀依然不愧為明君。他去世的時候，他最好的同僚兼朋友陸伯言為他送行，可是若干年後，誰又為陸伯言送行呢？

「這就是所謂天誅啊，上天已經拋棄曹魏了！」

孫權所說的「天誅」是指曹操之後子嗣的相繼短命而亡：

想當年曹操活了六十六歲，到他兒子曹丕這一代，雖然篡奪了帝位，卻只在位七年便一命嗚呼，年僅四十歲，比曹操足足少活了二十六年。到第三代曹叡，在位十三年，居然只活了三十五歲，比老爹又少了五年壽數。

民間議論紛紛，有人說：「曹家這是因為篡奪了大漢帝位而遭到天譴的緣故！」引起很多人的共鳴。

更讓曹魏人心不安的是，接替帝位的太子曹芳並非曹叡的親生子。有傳言說他是曹丕的弟弟曹彰之孫。

許昌有很多老人都還記得當年的丕、植之爭，據說曹彰比較傾向曹植。曹操臨死之前，曹丕在鄴城，曹彰在長安，曹操自知將死，發了道急令召曹彰（不是曹丕）覲見，可惜未等曹彰趕到，老爺子已經駕鶴西遊。

「魏王臨終之前召見曹彰，所為何事？」

人死了，這個問題便成了永遠也解不開的謎。或許也正因為此，曹彰的命運變得撲朔迷離。曹丕登基四年後，曹彰入京都朝覲，忽然暴斃府中，年僅三十五歲。

後人說他是與曹丕同吃棗子時被毒死的，《世說新語》記載說：

魏文帝忌任城王驍壯。因在卞太后閣共圍棋，並噉棗。文帝以毒置諸棗蒂中：自選可食者而進，王弗悟，遂雜進之。既中毒，太后索水救之，帝預敕左右毀瓶罐，太后徒跣趨井，無以汲，須臾，遂卒。

這個故事其實在當時就已經在民間流傳甚廣，很多人相信這是事實。「天意啊，當年曹丕毒死了自己的弟弟，自以為勝了。可是沒想到蒼天有眼，讓他斷子絕孫，如今坐在龍椅上的反而是曹彰的孫子，這真是天意啊！」

孫權不關心這個，他無所謂是曹丕還是曹彰的孫子當皇帝，他只關心曹魏的盛衰。在孫權看來，曹丕父子短命而死預示著蒼天已經不再眷顧曹魏，這個國家開始走下坡路了。

孫權的想法並不奇怪，中國古代許多王朝在衰亡之前，多會出現皇帝不育、短命的現象，導致皇位更替頻繁。譬如距離孫權最近的東漢，從漢和帝到漢獻帝，先後十位皇帝登基，其中五個不足十歲，最長者也不過十七歲，擱現在不過區區高中生而已。而這一時期正是東漢的衰亡期。後世最典型的如滿清，最後三位皇帝通通不育，其中還有一位疑似陽痿。而在王朝強盛期，皇帝往往長壽在位，如滿清鼎盛時期的康熙、乾隆。孫權這個時代，三國君主之中，無疑孫權活得最長壽。難怪孫權自我感覺如此良好。

「那麼，就讓我們順應天意，討伐曹魏如何？」赤烏四年的春天，孫權終於打起了北伐的念頭。

有一位姓殷的太守響應孫權的號召，積極獻策，提出了一個「四路伐魏」的A計劃：首先，請盟國蜀漢出兵隴西，吸引曹魏的一部分兵力往西方集中；然後朱然和諸葛瑾從荊州北伐，攻打襄陽。陸伯言從武昌出發，攻打淮河流域，曹魏必然會把剩下的兵力投置襄陽和淮河戰場，曹魏東部的青州、徐州一帶必然空虛無備。於是孫權御駕親征，跨江攻擊徐州，然後包抄至青州，威脅中原。

這個雄心勃勃的計畫，已經放在了孫權的案几上好幾天。孫權有些心動，卻又猶豫不決。他下意識地想和武昌的陸伯言商量商量，可是孫權的眼前卻似乎浮現了女兒大虎的身影……

「父皇總是說伯言、伯言，為何不給子璜一個機會呢？」大虎曾經這樣在父親面前抱怨，「難道父皇喜愛自己女婿的程度還不如姪女婿麼？」

「這哪裡是姪女婿和女婿的問題，伯言的文武之才，十個子璜也比不上……」

「那麼子璜與朱據相比，哪一個更勝一籌呢？」

「哈哈，朱據也是文武通材之人……嘿，你為何總是說這個！」朱據是小虎的丈夫，據說孫權對他也頗為器重，當做是將來的將相之選。所以大虎才會有此一問。

「如此說來，父皇將姪女嫁給了有擎天玉柱之才的陸伯言，又將小女兒嫁給了將相之選朱據，唯有大女兒，嫁了個一無是處的全子璜！」單聽這話，大虎的怨氣不小，可是女兒的心思父親最明白，她這是為自己的丈夫爭地位。

大虎的外貌像她的母親，長得很漂亮。至於她的性格與心計，則像父親。有時孫權會想，倘若大虎是男孩子就好了，她聰明、有野心也有手腕，在這個方面遠勝於孫登。說不清楚是不是陸伯言教導的緣故，孫登的個性越來越善良和溫文爾雅。

做皇帝不能太善良，也不能太溫和。孫權覺得大虎的個性倒是恰如其分。可惜她是個女孩。這令孫仲謀感到遺憾，也因此更加疼愛和憐惜這個女兒，甚至默許她偶爾干預後宮之事。

其實孫權早就想提拔一個大將之才，一股足以與陸伯言相抗衡的力量。這幾年陸伯言的力量擴充得太快、太強，以至於孫權很不安。

全琮可以麼？

97. 全琮之志

當初石亭之戰，孫權給陸伯言配備了兩個副手，一是全琮，另一個則是朱桓。其實孫權本來更看重朱桓一些，石亭之戰前夕朱桓所提的「夾石之計」，雖然陸伯言認為思慮不周、無法採納，可是朱桓能想出這樣的方案，也算東吳將領中的佼佼者了，譬如全琮就想不出。

可是朱桓最終倒在了自己的火爆脾氣上。當時曹魏的廬江郡有一位姓呂的主簿派信使來請降：「我願打開廬江郡的城門，引大吳軍進城。」

孫權派全琮做都督，與朱桓率領大軍向廬江推進，又讓曾寫了〈黃龍大牙〉的儒將胡綜宣傳詔命、參與軍事。然而到了廬江境內發現呂某乃是詐降，全琮就打算改變部署，結果朱桓不樂意，兩人居然在軍議會上當著大家的面爭吵起來。

朱桓之所以不高興，主因是他認為自己的才幹遠超過全琮，所以不甘心被全琮指手劃腳。

事實上全琮是都督，他完全有權力指揮朱桓。可是他卻把責任推給了奉詔參軍的胡綜：「陛下派了胡將軍來監軍，這件事是他的意思！」

朱桓火冒三丈，當即派人去叫胡綜，說要爭論個是非曲直。胡綜完全不知帳中發生了何事，樂呵呵來了。

胡綜走到中軍門口，帳篷裡朱桓已經動了殺意。「我自己動手，你們都到一邊去待著！」朱桓低聲吩咐手下，他的意思是要和胡綜單挑。

然而當朱桓殺氣十足地衝出中軍之時，胡綜已經看出朱桓來意不善，扭頭便跑了。原來是朱桓的手下怕主子幹出不理智的行為，所以通知了胡綜。

朱桓一腦門子火氣沒地方發洩，他認為是自己的手下吃裡扒外，揮刀便砍。一名倒楣的部下頓時倒在血泊中。朱桓的佐軍（相當於他的副官）一看不好，連忙勸阻：

「將軍不可衝動妄為！」

朱桓一掄刀，把好意相勸的佐軍也砍了。

「殺人啦！」

直到這一刻，朱桓的腦子才有些清醒下來，他一看倒在血泊裡兩個人，完了，是我殺的。為什麼殺他們啊？朱桓的腦子登時又亂了。

等到全琮等人出來，朱桓已經瘋了。他是真瘋？假瘋？已經不重要了，全琮立刻報告孫權：「朱桓忽發狂疾，連殺兩人！」

孫權憐惜朱桓，沒有治他的罪，相信了瘋狂殺人之殺，讓朱桓就醫，至於朱桓的部曲則交給他的兒子。雖然處置如此寬大，但是朱桓從此卻蒙上了濫殺無辜的陰影，這顆將星漸漸黯淡了下去，再無作為。

有人說朱桓其實是被全琮設局給陷害了，可是也有人為全琮解釋，說朱桓是咎由自取，誰叫他那麼容易被激！性感覺頂命運，朱桓是被自己的驕傲和衝動給害了。

無論如何，朱桓出事，獲利的是全琮，他很漂亮地做掉了自己的競爭對手。有人說，這裡有大虎的幕後指使，他們說：「那個女人在臨行之前告誡自己的夫君，朱桓不可留！」然而夫妻之間的悄悄話，誰又能知？不過是流言罷了。

「好吧，就以全子璜為大將！」

赤烏四年，孫權終於出兵北伐中原，然而四路大軍中，並沒有殷太守所建議的陸伯言，而是全琮、諸葛恪與朱然、諸葛瑾。其中全琮一路軍直指淮南，顯然，孫權是以他取代了殷太守A計劃中的陸伯言角色。

「當年陸伯言石亭之戰並未活捉曹休，如今再戰淮南，就看夫君的表現了！」大虎在大軍出發之際激勵自己的丈夫，可是全琮皺著眉頭：「作戰可不像你們女人想得那麼簡單！」

孫權似乎也對全琮抱了很大的希望，他給全琮配備了不少青年才俊：張昭的兒子張休、顧雍的孫子顧承以及全琮的長子全緒〔全琮有三個兒子，長子全緒、次子全寄都是前妻所生，唯有小兒子全吳是他與大虎所生。〕、姪子全端，悉數參戰。

就連陸伯言的妻子孫舒城也很是關心這場戰事，因為顧承是他的妹妹與顧雍的兒子顧邵所生。而顧陸兩家又是親戚。

張昭的兒子張休也與陸家有關係，因為陸伯言與孫舒城為兒子陸抗聘下了張休哥哥張承的女兒做媳婦。妙的是，張承的老婆又是諸葛瑾的女兒，他生了兩個女兒，姐姐嫁給了孫權的兒子孫和，妹妹嫁給了陸抗。

從這裡也可以看出孫權為什麼對陸伯言心存疑慮了，因為透過這一層層關係，足可以看出陸氏已經與顧、張、諸葛等家族結成了一張大網，而陸伯言正是這張大網的中心。

然而士大夫之間的彼此聯姻在當時又是一件再尋常不過的事情，名門望族要麼與皇家結親，要麼與地位相當的家族聯姻。東吳國境內的名門望族，無非本土四大家顧、陸、朱、張，至於當初從北方遷徙而來的大族，無非來自蘇北的張昭這一族與來自山東的諸葛瑾這一族而已。

且不說這些複雜的人際關係，先看看全琮第一次擔綱做男一號表現如何？

其實對於全琮而言，淮南戰場並不陌生，濡須口、石亭、皖城……這都是以往吳、魏廝殺的膠著點。然而全琮這一次無意重複陳跡，他要開闢一個新戰場，這便是芍陂。

芍陂是與都江堰、鄭國渠齊名的古代水利工程大手筆，當年楚國正值最強盛的楚莊王時代，令尹亦是赫赫有名的孫叔敖，他考察淮河一線，發現安豐城（今安徽省壽縣境內）附近，東、南、西三面地勢高而北面地勢低窪，於是每逢雨季則山洪暴發，淹沒農田，顆粒無收！，至於旱季則因缺水而土地乾裂、也是顆粒無收。

於是孫叔敖主持興建了芍陂［芍陂因水流經過芍亭而得名。］水利工程，將東、南、西三面山地之水蓄積於低窪的芍陂之中，「水漲則開門以疏之，水消則閉門以蓄之」，自此以後，不但雨季無憂，到了旱季也可以利用芍陂的蓄水灌溉農田，最盛之時，號稱「灌田萬頃」。

進入漢末三國時期，曹操也看中了芍陂，建安五年也就是孫權接管江東那年，揚州刺史劉馥在淮南屯田，「興治芍陂以溉稻田」，於是淮南成為富裕之鄉，史稱：官民有蓄！建安十四年即赤壁之戰後一年，在赤壁吃了敗仗的曹操決定開闢東線戰場，他親臨合肥，「開芍陂屯田」，以此養兵，軍糧充裕，所以能連年討伐孫權而無補給之憂。

東吳的軍事優勢在於水戰，全琮的確是花了一番心思，他的戰法是挖開芍陂大壩，放水淹沒農田，這樣可以說是一舉兩得：一是曹魏多年辛苦經營的淮南屯田完蛋了，二是東吳軍正好發揮水戰優勢，長驅直入攻打壽春城。

「只要芍陂閘門一開，淮南便是一片澤國！」

全琮夠壞的，他這一招的直接受害人便是淮南的百姓，不但農田被淹、一年收成報帳，而且殃及村落，數以萬計的百姓將流離失所、無家可歸。所謂一將成名萬骨枯，所謂「萬骨」不僅僅是戰場陣亡的將士，其實犧牲更大的往往是百姓。歷來如此，也無需苛責全琮。

「若是陸伯言在此，絕不會如此！」張休小聲嘀咕，他的身上流著剛直敢言的張昭老夫子的血，可是在這樣的場合，也不敢貿然發言。

軍議會就這樣草草結束，全琮無意徵求這些小字輩的意見，朱桓已經被邊緣化，陸伯言也漸漸被孫權疏遠，諸葛恪還嫩了點，全琮認為自己將是東吳未來十年的中流砥柱，對於這一點，他深信無疑。

周瑜、魯肅、呂蒙、陸議……然後便是全琮！

這一戰全琮也算是用心了，可是他忘了最基本的軍事法則：知己知彼。對於對手，全琮幾乎沒做什麼功課。只知道曹魏的揚州刺史叫孫禮而已。

「聽聞這位孫刺史曾經與老虎搏鬥，倒是勇氣可嘉。不過沙場廝殺可不是鬥虎那麼簡單！」魏國皇帝曹叡游獵時曾經遇見一隻猛虎，幸得孫禮捨命搏虎才得以脫險。全琮認為孫禮因為這個緣故才被破格提拔為揚州刺史，其實並無統御才能。

全琮或許並不知道，當時曹魏在淮南還有一支大軍駐紮，那就是征東將軍王凌的部隊，這個王凌的名字有點陌生，但是提起他的叔父，簡直是無人不知——原來就是當年在長安策反了呂布、設計誅殺了董卓的王允——當年李傕、郭汜等為董卓報仇，殺了王允一族，唯有兩個小孩子乘亂逃走，那便是王凌和他的哥哥。

曹操時代，王凌被選拔入丞相府，做了曹操的掾屬。曹丕時代，王凌出任兗州刺史，當初三路大伐吳，王凌在張遼這一路，成功地擊敗了呂範的水軍。石亭之戰，他也是親歷者。身為曹休的部下，他打得極為頑強，最終成功突圍，他也有一份功勞。

如今，這位名臣之後也來到了淮南，與孫禮並肩作戰，對付雄心壯志的全琮。究竟誰能更勝一籌？

98. 黑雲壓城

全琮的計畫一開始就遭遇了挫折，他的戰術核心就是奇襲芍陂，然而王凌和孫禮不是傻子，他們也想到了這一點：

「敵將據說是吳郡人全琮，他是孫權的駙馬，最近很是得寵！」

「以這位駙馬爺的智商，一定會來襲擊芍陂，我等就在此安坐等待好了！」

結果這天夜裡，果然等來了全琮的突擊隊，王凌和孫禮兩路軍齊出，登時將吳軍包了餃子。

「果然不出所料，爾等想來此地放水，我且叫爾等在此放血！」

東吳本來的目的就是夜襲，所以人數不多。夜襲不成，反而陷入了重重包圍，不過一個時辰，這支突擊隊便被全殲，一個都沒跑出去。

「想必此刻那位駙馬爺正在中軍帳裡等待捷報，我等好事做到底，給他報個信如何？」

「索性直搗大營，生擒那位駙馬爺好了！」

曹魏軍一戰大捷，士氣高漲，乘勝向吳軍大營掩殺過去。首當其衝的便是東吳的五營將秦晃的防區，秦晃準備不足，當場戰死。

本想夜襲敵營，結果反而被人端了老窩，這下子東吳軍可就亂了，一時全琮也慌了，他的兒子全緒和姪子全端見狀，便想掩護老爹先撤退。

「避避風頭再說吧！」

「胡扯，我是一軍之大都督，我一動，大軍必崩潰無疑！」全琮畢竟還是知道其中利害，更何況曹魏軍只是攻陷了前營而已。

然而吳軍的情況很是不妙，魏軍如獅虎追逐受驚的羚羊般追殺吳軍，勝利似乎就在眼前，他們大聲奚落著全琮：「東吳之駟馬兮征淮南，丟盔棄甲兮見公主……」

可就在這時，戰場的一角忽然掀起了一陣狂野的風暴，一批江東士兵揮舞著短兵器與曹魏的追兵糾纏在一起絞殺了起來，大概是過於興奮，曹魏的騎兵陣列被打散了，現在是各自為戰，塵土飛揚、血肉橫飛，最後剩下的只是光禿禿的戰馬在嘶鳴，馬上的騎士已經成了東吳士著的刀下鬼。

這是東吳顧氏和張氏的私兵部曲，指揮者正是張昭的兒子張休與顧雍的孫子顧承。

這一場惡戰阻遏了曹魏軍的勢頭，也令吳軍士氣重振。

「敵軍中也不盡是無能之輩啊！我軍見好就收吧。」王凌和孫禮下令撤退，畢竟壽春和芍陂現在是空虛無備，萬一有另一枝吳軍去包抄壽春和芍陂，魏軍可就賠大了。

見魏軍漸漸撤退，張休與顧承也無法追擊，因為他們的部曲傷亡也極為慘重。

「如果再來一波攻勢，真不知還能不能擋住！」

這時整個東吳營地都在向張休與顧承這邊歡呼，今夜這一戰，他們是挽救了吳軍覆滅命運的英雄。

「可惡，居然讓這兩個傢伙出了風頭！」

「且慢下結論，戰鬥尚未結束呢！」

一直龜縮在中軍的全緒和全端此時迅疾如閃電般地衝向了撤退中的魏軍。王凌和孫禮鄙視地瞧著這一路追兵，不屑一顧：

「幾個小老鼠來偷糧食了，不必理睬他們！」

「給他們吃點灰塵好了。」

東吳營地的某處，典軍陳恂站在高地上望見了整個戰事的逆轉，他發出由衷的讚嘆之聲：「張家和顧家的可以說是麒麟兒，全家的不過是劣馬罷了！」

事後，他在戰事報告中為張休、顧承記上了頭功，而全緒和全端雖然實際上並無戰功，可是看在大都督全琮的面子上，就給他們記二等功好了。

「阻敵之功大，退敵之功小！」

朝廷上的共議也是這個結論，對此全琮也表示贊成：「這一戰，張、顧確實有不容抹殺之奇功！」

於是張休被提拔為揚武將軍，顧承則是奮威將軍，而全緒、全端等人只得了偏將、裨將的安慰。朝野都以為這是公正的裁決，誰能想到，這個封賞居然成了若干年後張、顧的奪命索！

「大哥！」

孫權突然從酣睡中驚醒，大汗淋漓。

睡在孫權身邊的妃子是最近頗為得寵的潘夫人，被驚醒的她詫異地看著孫權⋯⋯

「陛下！」

「沒事，只是做了一個噩夢而已。」

然而，為什麼喊大哥呢，難道孫權做了一個有關孫策的夢麼？

所謂日有所思夜有所夢，如果說孫權最近有什麼煩惱牽掛之事，那便是太子孫登的病情。當初在武昌的時候，孫登的身體一直很好，可是最近兩年不知為何，正值青壯年的孫登卻開始變得體弱多病。

起初只說是偶感風寒，拖了一個月毫無治癒的希望，如今簡直就是病入膏肓。

「太子的病還能救治麼？」

御醫支支吾吾，孫權不耐煩地揮揮手讓他們下去：「朕已知，蒼天將帶我兒去矣。」

不知為何，孫權不會太悲傷。

宮廷中流傳著一則奇怪的謠言，說孫權其實已經有了廢立之心，被群臣一致擁戴、就連宮女奴僕們也誇讚其仁厚大度的太子孫登不知為何，漸漸失去了父親的寵愛與信任。

半年前，就連孫登自己也感覺到了這一點，史書記載說此時的孫登「常有欲讓之心」。讓給誰呢？很多人都以為是王夫人所生的皇三子孫和。

「(孫)和少岐嶷有智意，故權尤愛幸，常在左右，衣服禮秩雕玩珍異之賜，諸子莫得比焉。」

然而也有人對孫和母子不屑一顧，譬如那位長公主大虎，因為當年母親步夫人被孫和之母王夫人奪去寵愛，大虎一直對孫和母子抱著怨恨之心。

大虎和時下這位潘夫人的關係倒是很不錯。

孫權的宮廷是一部女人爭寵的連續劇。最初是貌美的年輕寡婦徐夫人戰勝了元配謝夫人，接著又是更加貌美且深諳帝王心理與後宮生存之道的步夫人從徐夫人的枕邊搶夫成功，然而兩度生育之後身材走形的步夫人又輸給了溫婉美麗的王夫人，如今則是潘夫人的蒸蒸日上威脅到了王夫人的地位。

這是一場女人的戰爭，孫大虎與潘夫人結盟對付王夫人，其意義也不下於當年孫權與劉備結盟對付曹操。

「為什麼是小三呢，妳的肚子不是也已經隆起了麼？」大虎瞧著潘夫人微微凸起的肚子，別有用意地說。

「哎，還不知是龍是鳳？」

「一定是龍，唯有龍子，才能戰勝那對母子！」

也許是吃多了大餐而想換換口味吃點小鮮，孫權對大家閨秀、名門之女漸漸感到單調乏味，他看中了皇家織布工坊裡的織布女工潘某。

大凡皇家織布工坊裡的織布女工，其實都是「罪臣之女」。織布女工潘某的父親是一名觸犯了法律而被處死的官吏，父親死了，潘某與她的姐姐作為罪人家屬，被送入皇家織布工坊做工，辛苦勞作，連腰也挺不直，誰曾想有一天孫權會來到工坊蹓躂，並且一眼看中了她！

當日身為罪臣之女，是任何人可以欺凌的弱者。而今，皇帝最寵愛的女兒大虎卻坐在她的面前，撫摸著她的肚子對她說：「大吳還不曾有過一位皇后，妳難道不想當麼？」

從罪人到國母，這難道真的會成為事實麼？潘夫人害怕地不敢想，可是又按捺不住蠢蠢欲動的欲望，東吳第一位皇后……

可是孫和眼看著就要被立為太子，母以子貴，王夫人當上皇后指日可待！所以潘夫人認為大虎的話，不過只是隨口說說罷了！

赤烏四年五月，太子孫登病逝，年僅三十三歲。臨死之前他給老父寫了一封遺書，大意是說自己快不行了，死生有命、長短自天，希望老父不要過於悲傷，大吳雖然僻處一方，但是人才濟濟，文武齊心。唯有國家法度過於嚴苛，「法令繁滋，刑辟重切」以至於「民物凋弊，奸亂萌生」，所以希望老父能「博採眾議，寬刑輕賦，均息力役，以順民望。」至於諸位大臣，孫登特別提到了陸伯言，說他忠誠勤勉、憂國憂民，有「匪躬之節［匪躬之節：不顧自身利益而盡忠王室的節操，即後人所說的大公無私。］」。諸葛瑾等人也是國家棟梁云云。

遺書的最末一段：孫登希望老父能記得兒子的將死諫言，若能如此，可以說是兒子「雖死猶生」！

「臨死還要對老父說教麼？」

兒子死了，孫權傷心自然是傷心的，可是兒子臨死之前的「金玉良言」，孫權卻一個字也看不進去，他只當是兒子病入膏肓的糊塗之言、自說自話罷了！

倒是陸伯言心痛不已，孫權死了一個兒子，可他還有幾個兒子做替補。陸伯言卻是喪失了自己的希望，一直以來，他希望培養孫登成為漢文帝一般的明君，帶領大吳走向真正的黃金時代，而如今孫登卻無聲無息地死了，陸伯言的希望也就隨之破滅了。

令陸伯言沮喪的事情一樁接著一樁，不久，長期以來一直在孫權和陸伯言之間充當溝通橋梁的諸葛瑾也去世了。

自從孫權改年號為赤烏以來，區區數年間，東吳帝國已經接連死了一位「皇后」（步夫人，死後追贈皇后頭銜）、一位太子和兩位重臣（太常潘濬、大將軍諸葛瑾），這真是群鴉飛舞的年代啊！

99. 風雨孫策廟

「大哥！」

這一夜孫權又夢見了自己的兄長孫策，臉上插著箭，血肉模糊地站在自己面前不說話，這應該是丹徒遇刺時的情景，孫權並不在現場，只是想像而已。

瞬間又換了場景，孫權發覺自己跪在兄長的榻前，榻上的孫策奄奄一息、語若殘絲……

「大哥，你想說什麼？」

孫權急切地發問，但是孫策卻背過臉去不睬他。

這時孫權覺察到榻邊還有一個人，他抬頭一看，居然是周瑜。

「公瑾，你也在？」

周瑜冷笑一聲，本該是俊俏的面目看上去很猙獰。

「仲謀，你好啊！我和伯符都很想念你！」

剎那間孫策和周瑜都來到了孫權的面前，挽住了他的手臂……

「大哥、公瑾！」

孫權渾身顫抖地醒來，他的雙手在空中亂抓，眼神也是無比空洞！

「陛下這是怎麼了？」

第二天宮廷裡便傳出了孫權生病的消息，進入老年的孫仲謀身體依然非常強健，六十二歲的他尚能與潘夫人生下幼子孫亮便是一個證據。

然而這一場噩夢之後他卻病了。

剛冊立為太子不久的皇三子孫和提出為父皇去宗廟祈福，孫權同意了：

「去長沙桓王廟吧，拜拜你的大伯父！」

其實孫和的本意是去武烈皇帝廟（孫權追尊父親孫堅為武烈皇帝），可是父親卻如此要求，孫和不敢多問，也就遵命去了。

長沙桓王廟就在朱雀橋邊，距離孫和妻子張氏的娘家不遠。

「父皇得病，為何叫我偏偏來長沙桓王廟祭拜祈福，其中奧妙，實在是猜不透。」

「叔父就在家中，何不問問他？」張氏說的叔父就是張昭的次子張休。

「那就把叔父叫來吧！」

「叔父又沒有接到王命，怎能擅自來此？還是我們去府中相見好些。」

小夫妻倆一合計，便來到了張休的府邸。

這一幕完全落入了大虎的眼線，她立刻去見孫權：

「父皇命太子去長沙桓王廟祈福，可是這太子也太不懂事了，不在桓王廟好好待著，居然跑到張家嘀嘀咕咕！」

「哦，張家是太子妃的娘家，去去也無妨……」孫權有點不高興，「那麼，這小子在張家嘀咕了些什麼？」

「好像是說了些與長沙桓王有關的話……」

「究竟說了什麼？」

「大概是說父皇身體抱恙，便向長沙桓王祈福，可見父皇心中對長沙桓王有抱歉之意！」

孫權沉默了，他的確對自己的兄長孫伯符心懷內疚。當年接管江東之時，孫權只有十九歲，他的想法就和他的年齡一樣單純：「我只是為大哥暫時保管這個位置而已，等到適當時候，我就會把大哥一手打下來的江東基業全部還給他的兒子！」

可是孫紹長大成人之時，孫權已經是雄踞南國的吳王，直到這個時候，孫權才明白了一個真理：一個人一旦品嘗到至尊無上權位的滋味，便不會放棄。

於是那一年孫權冊封自己的兒子當了太子，那個所謂「只是為大哥暫時保管這個位置，等到適當時候就會把大哥一手打下來的江東基業全部還給他的兒子！」的想法完全拋諸腦後。

等到登基為帝，這種感覺就更為強烈了。此時孫權的心中，不但有對權位的留戀，更有對姪兒孫紹的警惕。

「如果封孫紹為王，他便很容易培育自己的勢力，即便他沒有這個念頭，也會有野心勃勃的賭徒聚集在他的周圍。與其如此，還是封他做一個小小的侯爵，默默無聞地度過人生比較好！」

可是這樣一來，未免對孫紹太過刻薄。孫權的心中也自知這一點，他只能以這樣的話安慰自己：「這也是無奈之舉，說到底也是為了孫紹好。做一個寂寞的侯爵，總歸比丟掉腦袋好！」

好在孫伯符時代的舊將們多已凋零，最清楚孫權當初想法的人非周郎莫屬。可是周郎早十幾年前就英年早逝了。

周瑜會不會把這個祕密告知他的妻兒呢？譬如小喬、周循、周胤……

孫權把女兒大虎嫁給了周循，又給周胤娶了宗室之女，這固然是一種恩寵，也是一種監視。結果大虎果然跑來對父親說：「周胤似乎知道什麼祕密，他口出狂言、囂張得很……」

其實孫權懷疑大虎可能與自己的小叔子關係不佳，但是也可能周胤真的知道得太多了。

當時周循已經死了，周胤是周瑜與小喬唯一的後代了，可是孫權還是狠心地下了死手，周胤被流放到廬陵郡囚禁了起來。諸葛瑾、步騭連名上疏替他求情，孫權堅決不答應。後來朱然及全琮又上書，孫權總算鬆口，可是赦令慢吞吞地走在半道上，周胤已經莫名其妙地死了。

「朕已經寬恕他的罪行，可惜天意弄人，詔書未到周胤已經病死在廬陵。」孫權對群臣們說令周瑜斷後實在不是我的過錯，「孤念公瑾，豈有已哉！」

周瑜的私人部曲本來是周瑜的姪兒周峻統領，周峻死後，全琮請以周峻的兒子周護繼續統領，孫權卻不肯：「我沒有忘記周公瑾的功勞，可是聽說周護這個人不好……」

從周胤到周護，孫權眼中周瑜的子孫居然人品如此之低劣？這究竟是事實還是孫仲謀有意打壓？無論如何，最終結果是周瑜被「深深懷念他」的孫權先「斷後」又「奪部曲」，昔日顯赫的廬江周氏一族，居然落了個一無所有。

難怪孫權會在夢中見到了一個面目猙獰的周瑜，實在是心中有愧啊！

然而這所有一切的慚愧，孫權只能深埋心中，不許任何人去觸及！當他聽到大虎所言：孫和與張休在私下裡揣摩此事，孫權不禁怒火中燒！

100. 大虎出征

對於大虎的告密與孫權的憤怒，孫和與張休都一無所知，他們只是聚在一起，就祈福一事聊了幾句而已。

「父皇為何向長沙桓王祈福呢？」

「也許是陛下對桓王有一種你我並不能知的特殊情感，總之太子只要按照陛下的意志去做好了。」張休提醒孫和，「然而你身為儲君，一定要注意自己的一言一行，以免被人說閒話。此處也不宜久留，還是回長沙桓王廟去罷！」

孫和與張休就此告別，這件事也就如此了結，誰曾想波瀾不驚的表面之下，孫大虎已經醞釀著一股足以血洗建業的潛流。

幾個月後，孫權突然下詔冊封皇四子孫霸為魯王，細心的人很快注意到：孫權賜予魯王所有待遇與太子孫和幾乎完全相同，所差大概只有太子的名號而已。

「現在那個女人的兩個兒子都風光了，一個太子、一個魯王，就算陛下的心意有所改變，皇儲之位也逃不出那個女人的手掌心！」潘夫人的小院子裡，兩個女人咕咕噥噥說著悄悄話，正是潘夫人與孫大虎。

「稍安勿躁，風雲初起而已。」大虎很從容。

「可是孫霸當王對我們有什麼好處呢？」潘夫人很著急，她的肚子已經很明顯了。

「哦，你的肚子尖尖，應該是個男孩吧！」

「就算是個男孩，等他出世早就木已成舟！」

「嘿嘿，妳這女人真是個急性子！」大虎對於潘夫人的躁動大為不屑，「鷸蚌相爭、漁翁得利，這麼淺顯的道理，妳懂是不懂？」

西漢人劉向編撰的《戰國策》中有這麼一個故事：

蚌方出曝，而鷸啄其肉，蚌合而箝其喙。鷸曰：「今日不雨，明日不雨，即有死蚌。」蚌亦謂鷸曰：『今日不出，明日不出，即有死鷸。』兩者不肯相舍，漁者得而並禽之。

大虎告訴潘夫人，如今孫和是蚌，孫霸為鷸。身為太子的孫和剛剛露出破綻，孫霸便乘虛而入，這正是鷸啄蚌肉的時刻，而孫和背後的那些文武大臣必然會出來保護孫和的太子之位，孫霸的黨羽則全力攻擊孫和的破綻。兩派大臣陷入惡鬥之時，漁翁便出現了。

「哦，到那時，我兒便是漁翁！」潘夫人總算明白了，這真是一條毒計，無論是孫和還是孫霸，都是王夫人的兒子。兩子相爭，必有一傷，無論誰受傷，王夫人都會傷心。更為絕妙的是：大虎的設計將會使二子兩敗俱傷，誰也得不到最後的勝利，王夫人引以為傲的兩個兒子：孫和與孫霸將互相扼住彼此的咽喉，他們的母親則在遠處無奈地絕望落淚……

一隻失群的老鴰飛過建業的天空，這時已經是赤烏五年深秋的黃昏，老鴰落在了庭院裡的禿樹上，刺耳的鴉鳴聽起來毛骨悚然。潘夫人想叫宮女把牠趕走，可是大虎卻搖搖手。

「這老鴉是為我們的敵人而鳴叫，那驕傲的母子三人很快將發現他們的命運是何等可悲！」

和建業的風雨欲來相比，武昌的天空還是明朗的。陸抗已經成長為一個英氣少年，在母親孫舒城的眼裡，長大的兒子頗有幾分當年父親孫伯符的風采。

此刻，陸抗父子正興致勃勃地玩著投壺遊戲，投壺照例是要以雅歌助興的。老爹陸伯言已經投過了一輪，他站在兒子身後，大聲唱著〈鹿鳴〉：「呦呦鹿鳴，食野之蘋。我有嘉賓，鼓瑟吹笙。」

箭壺放在二矢半遠處，壺裡盛著小豆以防箭矢彈出。陸抗手持二尺八寸的無鏃之矢，有些小小的緊張。

「輸的人可要罰酒三杯！」陸伯言朝兒子擠眉弄眼，他方才所投的四枝箭矢有三枝投入了箭壺，算是不錯的成績了。

然而陸抗的成績卻是四矢全中，他歡喜地奔躍向前，舉起了箭壺：「我勝了，老爹罰酒！」

看著兒子得意的神情，孫舒城滿心歡悅。和兩個妹妹相比，她無疑是幸運的。二妹嫁給顧雍的兒子顧邵，顧邵也是個謙謙君子，可惜天不與壽，年華鼎盛之際病故在了豫章太守任上，二妹守寡不易，好在兩個兒子：顧譚和顧承都很出色，也算是莫大的安慰。至於三妹則嫁給了東吳老臣朱治的兒子朱紀，然而不知何故，這位朱郎君的壽命也不長，死時的官職是某校尉。

難怪就連建業城裡的孫大虎也時常嫉妒孫舒城這位堂姐。大虎初嫁周循，結果周循短命而死；後嫁全琮，當了兩個孩子的後媽，想來也有諸多不如意之處。所以常常在言語中抱怨他的老父孫權：「替姪女挑了個金女婿，為小女兒挑了個銀女婿，卻為大女兒挑了塊不中用的破銅，且換換吧，卻是比破銅還不如的鏽鐵！」

聽說大虎和小虎姐妹倆的關係不佳，不過孫舒城倒是和這兩位公主都處得不賴。無論是大虎還是小虎都願意和這位堂姐說些宮廷八卦之類的話題，分居東西之後，她們也時常有書信往來。

「這一會我們要以一箭定勝負，而且需有祝詞！」陸伯言說。

陸抗明白父親的意思，從小便熟讀兵書、諸子的他記得很清楚，《左傳》中便有這樣一段祝詞投壺的記載：當時晉昭公設宴招待齊景公等諸侯，席間投壺為樂，晉昭公先投，晉臣荀吳起來致辭說：「有酒如淮水滔滔，有肉如水中小島。我君若一箭投中，要做各國的盟主。」言訖，晉昭公一投而中。

接下來輪到齊景公了，他手執箭矢，自言自語說：「有酒如澠水流長，有肉如堆成山崗。寡人若一箭投中，要代替貴國做霸主！」說完也一投而中。

這次投壺的結果是後來齊、晉兩國為了爭奪盟主地位而拉開了拉鋸式的爭鬥。

「方才是父親先投，這一局讓孩兒先投吧！」

陸伯言微笑點頭，只見陸抗手拈一箭，表情很是嚴肅，口中唸唸有詞：「有酒如漢水流長，有肉如荊門高山。抗兒若一箭投中，要如老爹般為天下名將、戰無不勝！」

說完從容擲出，箭矢在空中劃了一個漂亮的弧線，優哉入壺！

「原來抗兒的願望是成為父親一樣的曠世名將！」孫舒城很是欣慰，父親孫伯符若在，也一定會喜歡上這個外孫。

接下來輪到陸伯言了，他手執箭矢，心情居然也激盪起來：「有酒如江水滔滔，有肉如衡山岧岧，陸議若一箭投中，願我大吳君臣和睦、國泰民安。」

言由心生，陸伯言所說，完全是他近幾年來的憂思所在，他無比強烈地希望孫權停止內耗……

然而這一箭並未射入壺中！

陸伯言心中一緊。

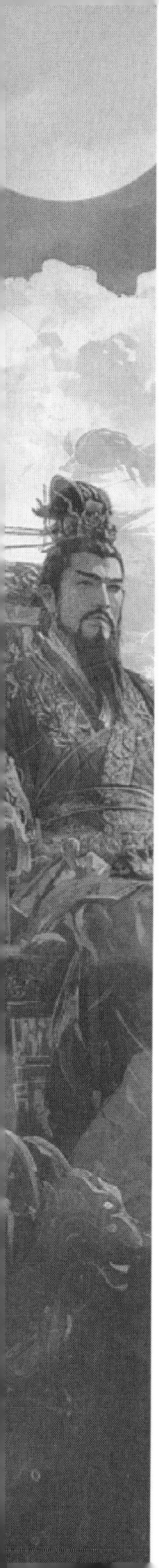

第十三章

五十年興衰

西域來了一個胡僧，說佛、說輪迴、說因緣果報，這是老子和孔子都不曾說過的新奇事，顯然庶民會更喜歡這一套說教。將來的天下也許會是僧人、道士與士大夫並行於世的世界。

至於我，最近總是夢見伯符、公瑾與伯言，屈指一數五十載過去了，任是再英明神武，人死之後總是惘然，就如一片落葉隨風而去。

孫仲謀也不過是風中的一葉罷了。

——孫仲謀的獨白

101. 渾水勿蹚

陸伯言站立在壺前不動，此時卻有書吏來了，顯然是有重要的文書，否則他們也不會打擾陸伯言難得的父子天倫之樂。

「建業發來急報！」書吏說，「顧丞相去世了！」

「哎呀！」陸伯言不覺驚叫出聲。

丞相顧雍是陸伯言最後的摯友，他與陸伯言一起，被士大夫譽為是東吳帝國的兩大支柱，一文一武、一東一西，也是江東本土士族的最強發聲者。尤其在老夫子張昭死後，顧陸合作的權力格局被吳人認為是江東人的最大依靠。

如果說陸伯言是東吳軍界的不敗戰神，那麼顧雍就是東吳政壇的定海神針。如果說張昭是把孫權當小孩子來教育甚至是訓斥，那麼顧雍則是對孫權循循善誘的老師。

《三國志》記載了孫權與張昭、顧雍之間的某件事，頗有意思：

權嘗諮問得失，張昭因陳聽採聞，頗以法令太稠，刑罰微重，宜有所蠲損。權默然，顧問雍曰：「君以為何如？」雍對曰：「臣之所聞，亦如昭所陳。」於是權乃議獄輕刑。

同樣一件事，張昭說了孫權便「默然」，實際上就是以沉默表示不同意；可是顧雍說了便「乃議獄輕刑」，可見顧雍對孫權的影響力之深。

顧雍這個人性格內向，算是沉默寡言、不引人注目的那種類型，然而孫權卻說：「顧公不言，言必有中」，可見顧雍不說話並不是他木訥，而是因為他更願意在深入了解事情的緣由之後再有的放矢地發言，所以一旦開口，內容自然也就很有針對性，令聽者往往有一種豁然開朗之感。

其實顧雍與張昭、陸伯言都是極為理想化的儒生，對於所謂「道」的執著堅守，這三人如出一轍。即便是面對至高無上的君主，這三個人也不會動搖自己的主張。只不過三個人的表現方式很不相同，張昭的反應是勃然大怒、甚至會有歇斯底里地極端反應，搞得孫權很狼狽、很被動；陸伯言的反應則是倔強地堅持自己的主張，如同疆場相對峙的敵我雙方一般與君主相持，一直「耗」到某一方放棄認輸為止；而顧雍的反應卻很圓滑，他既不會與孫權大吵大鬧發脾氣，也不會與孫權比耐心、耗鬥志，他的絕招是迂迴委婉地說服孫權。

據說孫權常派人去丞相府就某個決策請教，顧雍很少直接表態。而是請使者吃飯聊天，在從容話語中不知不覺地便把問題搞清楚、把事情給說透了。而若是孫權的決策完全謬誤，顧雍就面無表情、一語不發地和使者乾坐，使者坐到屁股發麻卻不給一張好臉色看、說得口乾舌燥卻不給一杯水喝，這便明白了：顧丞相這是不同意，於是打道回府，請皇帝陛下自己重新考慮。

顧雍這麼做有他的道理，孫權個性強勢，極好面子，年長以後更是如此。一旦意見相左，駁了他的面子，孫權自覺臉面發燒，會像蠻牛般不顧一切地去肆意胡為，就好像冊封公孫淵一事，大臣們越是反對，他越是來勁！

顧雍的辦法是先冷處理，把你的愚蠢主意退回去讓你自己好好想想，想好了，那還是你的主意。想不好，咱再勸解也不遲！這樣一來便避免了許多君臣之間的衝突。

正是因為顧雍的官場機智，加上幾分人和與天時，當年顧雍成功地躲過了呂一對他的陷害，最終圓滿地在丞相之位上坐了整整十八年。

若無顧雍在建業的斡旋，東吳士大夫與孫權之間的戰爭或許早已爆發。而如今，「東吳雙大廠格局」終於完結，顧雍這一極先一步倒塌下來，只剩下陸伯言艱難地獨力支撐。

論軍事，陸伯言國士無雙；然而論政治，尤其是官場迎上馭下之術，陸伯言遠遜色於顧雍，然而風雲流轉，形勢的發展已經容不得陸伯言推辭，顧雍死後半年，孫權下詔，大大地誇讚陸伯言如何「天資聰叡，明德顯融，統任上將，匡國弭難」，於是拜陸伯言為大吳丞相，

「總司三事、以訓群寮」，至少從詔書內容看，孫權是準備把整個東吳的軍政大權都交給陸伯言了。

出則為將，入則為相，這是千百年來士大夫的夢想極致，陸伯言卻達到了。群臣羨慕不已，唯有妻子孫舒城默默為自己的夫君擔心。這種擔心，與當初夷陵之戰前的憂慮不同。當時的憂慮，是因為對陸伯言還不完全了解，而如今的擔心，卻是因為對陸伯言太過了解。

似這般一灘渾水，誰蹚進去都不會有好結果！

其實孫權不想讓陸伯言蹚建業的渾水，雖然拜陸伯言為相，可是不許他入京，依舊鎮守武昌。

有心人看出來了，陸伯言的丞相職務只是一個虛名而已，孫權實際上是取消了丞相，把行政大權握到了自己的手裡，來個眉毛鬍子一把抓。全琮是有心人，步騭和呂岱也都是有心人，他們冷眼旁觀，並不真的把陸伯言當丞相看。

大多數人沒看出來，他們天真地以為：孫權真的把軍政大權交給了眾望所歸的陸伯言。這些天真漢中，就有一個姓吾名粲的吳人。

天下之大，姓吾的人不多，這個吾粲就是衛溫、諸葛直探訪夷洲歸來之際的會稽太守吾粲，他如今的職位是太子太傅，正是孫和的師傅。

群臣之中，沒有人比吾粲更了解孫和，也沒有人比吾粲更明白此刻孫和已經陷入何等危局。

吾粲是陸伯言的同鄉，彼此相熟，陸伯言的拜相似乎讓他找到了拯救太子命運的契機。他寫信給陸伯言，分析眼下建業城中二宮相爭的亂局：

「陛下既然冊立了太子，卻又封孫霸為魯王，兩宮抗禮、毫無差別。那些唯恐天下不亂之徒，乘機煽風點火，躁進功利之輩也乘機結黨，謀求功名。如今建業群臣，已經有太子、魯王兩派之分。」

陸伯言閱讀此信，觸目心驚，吾粲所言兩派之分，更讓他震驚。

附和魯王的群臣有：驃騎將軍步騭、鎮南將軍呂岱、大司馬全琮、左將軍呂據（呂範之子）、中書令孫弘等；維護太子的群臣則是：太常顧譚、左將軍朱據、奮威將軍顧承、揚武將軍張休，此外，諸葛瑾之子諸葛恪、朱然之子朱績也對太子比較友善。

「難道已經到了這個地步麼？」

陸伯言的第一反應是不可能，孫仲謀雖然近些年來有些不可理喻、一意孤行，但是他不至於老糊塗到這個程度，更不會縱容東吳分裂失控若此！

當年袁紹的兩個兒子袁譚與袁尚之爭、劉表的兩個兒子劉琦與劉琮之爭是如何導致團隊分裂、敵人乘虛而入……往事歷歷，孫仲謀不可能不知！以他的智商，又怎麼會不引以為誡？

「吾太傅所言，太過誇張，不可全信！」

然而陸伯言也知道吾粲並非吃飽了撐的無事生非，他倒是從孫舒城的口中聽說了某些事：「太子之母王夫人近日突然病故了！」

「最近幾年病故之人實在太多了，我已經有些麻木了。」

「然而王夫人的死太突然了，我聽小虎說，王夫人似乎是受了陛下的數次怒斥之後憤而自盡。」

「如何會有這等事，陛下又是為何斥責夫人？」

「據說前一陣子陛下龍體不安之際，王夫人曾有喜悅之色。」

「這等捕風捉影之事，又是誰人在陛下面前搬弄是非？」

孫舒城默然，似乎此事又與大虎有關，如今的她幾乎可以掌控孫權的喜怒哀樂。

「你這女人一定以為朕死了，你的兒子就可以登基為帝，你就能做上皇太后了吧！」孫仲謀的雷霆大怒，一定把柔弱的王夫人嚇壞了。

最近宮廷真是山雨欲來風滿樓，不知何故，大虎最近對魯王突然很是親切。魯王大概也不知道是大虎害死了自己的母親，完全把大虎當做了自己可以依賴的好姐姐。

所以孫舒城常覺得，似這樣悠然自得地住在武昌，遠離權力的漩渦中心——建業——也未嘗不是一件好事。

只是人生之事不如意十有八九，颶風即將襲來，孫舒城的幸福小桃源也不能倖免……

102. 泥足深陷

「我打算讓次子寄到魯王府中做事，未知妥當與否？請丞相明示！」

信寄給了武昌城中的陸伯言，然而寫信人全琮卻始終不明白夫人大虎為什麼堅持要他寫這封莫名其妙的信。

「既然已經決定讓寄兒為魯王效力，何須又向陸伯言請教。再說他雖然是丞相，也干涉不到我兒的私事。」

「所以說你是一個榆木疙瘩！」大虎絲毫不給自己的丈夫好臉色看，在她看來，正是因為這個丈夫的無能，她這個金枝玉葉才不得不件件事親力親為、勞心勞肺，「你可知陸伯言是太子最大的後盾……」

「正是因為知曉陸伯言同情太子，所以我們更沒有必要將寄兒為魯王效力一事告知，一旦他回信反對，我該如何應答？」

「他一回信反對，便是捲入了此事，我的目的便達到了！」

細心的大虎早已察覺，凡事只要涉及陸伯言，她的父皇孫仲謀便會十分敏感。尤其是在太子問題上，當年大哥孫登就是因為受陸伯言的影響太深，所以才會受到孫權的訓斥，所謂呂一事件不過是個幌子罷了。後來大哥莫名其妙地英年早逝，孫大虎也有一絲懷疑：會不會是……

大虎不敢往深處想，她只要想透一點就可以了，那就是如今的孫權並不希望自己的太子與陸伯言關係太過密切，如果說太子被陸伯言控制的話，孫權更會深惡痛絕！

「孫和的背後，有陸伯言的操控……」

大虎可以預料：這樣一說，必然會引起孫權的強烈反應。

然而陸伯言遠在武昌，根本不參與建業之事。要把此人捲進風波，唯有出奇計。於是大虎說服全琮寫了這麼一封信。

陸伯言在戰場上儼然若神，可是在這種事情上卻很天真，或者說是太大意了，他完全沒有察覺到大虎的用意。而是寫了誠懇的回信：

「子弟苟有才，不憂不用，不宜私出以要榮利。若其不佳，終為取禍。且聞二宮勢敵，必有彼此，此古人之厚忌也。」

大意是說你的兒子如果真的有才能，不必擔心懷才不遇，國家一定會量才使用，何必為了一點小利去魯王府牽扯是非。一旦出事，反而惹禍上身。而且我聽說太子宮和魯王勢均力敵、鬥得你死我活，這不是什麼好事，古人一般都忌諱這種事，請君好自思量！

「伯言言之有理！」全琮看了回信，倒是有幾分心動，然而立刻招致大虎劈頭蓋臉地一頓臭罵。

「這便是陸伯言與太子勾結的證據！」大虎喜滋滋地收起信函，信是陸伯言親筆所寫，無可抵賴。

寫信給陸伯言的還有那位太子太傅吾粲，這次他又有新主意：「我打算奏請陛下，派魯王出屯夏口，這樣一來兩宮之爭或許會少許平靜些。只是我人微言輕，恐怕陛下不從！」

吾粲又說如今魯王黨羽中有所謂四惡少：即全寄、吳安、孫奇和楊竺（全寄是全琮之子，其餘三人的門第則史無記載，吳安可能出自孫堅妻弟吳景家族，孫奇可能是宗室，楊竺是廣陵人，家族門第則完全不知。），其中最囂張之人乃是楊竺，吾粲有意請孫權下詔流放楊竺，可是孫權哪裡肯聽！

陸伯言終於忍耐不住了，他給全琮寫了第二封信，警告他：「卿不師日磾，而宿留阿寄，終為足下門戶致禍矣。」

語氣如此嚴厲，可見陸伯言完全意識到了問題的嚴重性，可是這也使他漸漸深陷泥潭。讀了這樣的書信，全琮自然很不高興。

「他以為自己是誰？」

大虎倒是很高興，這封信比上一封更有價值。

陸伯言又給孫權上疏，陳述自己對二宮之變的看法：「太子正統，宜有磐石之固，魯王藩臣，當使寵秩有差，彼此得所，上下獲安。謹叩頭流血以聞！」

陸伯言甚至打算到建業來向孫權當面討論此事，當然被阻止了。

接著，顧雍的孫子、陸伯言的外甥太常顧譚也上疏勸諫，向孫權警告兩宮之爭的危害：「臣聞有國有家者，必明嫡庶之端，異尊卑之禮，使高下有差，等級逾邈；如此，則骨肉之恩全，覬覦之望絕。昔賈誼陳治安之計，論諸侯之勢，以為勢重雖親，必有逆節之累，勢輕雖疏，必有保全之祚。故淮南親弟，不終饗國，失之於勢重也；吳芮疏臣，傳祚長沙，得之於勢輕也。昔漢文帝使慎夫人與皇后同席，袁盎退夫人之位，帝有怒色；及盎辨上下之義，陳人彘之戒，帝既悅懌，夫人亦悟。今臣所陳，非有所偏，誠欲以安太子而便魯王也。」

顧譚旁徵博引，其中最發人深省地莫過於西漢初年的人彘之禍，劉邦的寵妾戚夫人生下兒子如意，與皇后呂雉所生的太子爭位。當時劉邦的態度也正如今日之孫權，猶豫不決，結果引發慘烈的後宮之戰。劉邦死後，戚夫人被剁掉四肢、挖出眼睛、用銅注入耳朵導致失聰、用暗藥灌進喉嚨導致失聲，是為「人彘」！如意亦遇害。

然而顧譚的警告完全無效，反而成為顧、陸聯手操縱政治的鐵證。孫大虎與全琮帶著兒子全寄入宮，遞上陸伯言與全琮的來往書信：「其實魯王並未有意爭太子之位，所謂兩宮之爭，完全是陸、顧兩家在幕後操縱！」

太子太傅吾粲與陸伯言信件來往一事也被魯王和楊竺揭發出來，如果說對陸、顧兩家孫權還有點猶豫，那麼對於吾粲，孫仲謀就沒什麼客氣了！

一個字，殺！

「陛下，臣還有隱情稟報！」在後母的鼓勵之下，全寄再出殺招，這一次直指顧家與張家。

「講！」

全寄所說，正是當年的芍陂之戰。

「當時臣的兩位兄長擊退魏軍，乘勝追擊，軍功卓著。然而典軍陳恂卻徇私舞弊，將頭功記在了顧承與張休頭上！」

「陳恂與顧、張有何關係，為何偏袒二人？」

「醉翁之意不在酒。陳恂是想拍陸伯言的馬屁，顧承是陸家的外甥，而張休的哥哥張承又把女兒許配給了陸伯言之子！」

「嘿嘿，原來如此啊！」

陸伯言遠在武昌，不可能出來對質，孫仲謀下令傳太常顧譚。顧譚一到，便陷入全琮父子以及魯王同黨中書令孫弘的圍攻。

中書令孫弘奉了孫權的旨意，暗勸顧譚，只要承認錯誤，孫權也會念在先丞相顧雍的面子上，給予顧氏兄弟寬大處理。

對於孫權的是非不分，顧譚已經出其憤怒，他一把推開孫弘，大聲對孫權說：

「陛下，讒言其興乎！」（陛下，從此你將被讒言包圍了！）

孫弘立刻彈劾顧譚對皇帝大不敬，罪該萬死！孫權黑著臉，拂袖而去。大殿外的武士旋即上來，將顧譚架了下去。

103. 誰是贏家

建業宮玄武湖邊，孫大虎與潘夫人悠然觀魚。

「終於到了收網打撈魚兒的時刻了。」孫大虎說。

顧譚最終沒有被殺，孫權畢竟還是給了死去的顧雍一點面子，顧譚、顧承、張休全部被流放交州，張休與孫弘本有私怨，這下子孫弘正好落井下石，在孫權面前說了張休不少壞話。

「既然如此，追賜他死罪！」

使者在去嶺南的路上截住了張休，灌下了毒藥。張休這一年四十一歲，他的大哥張承早幾年病死了，不幸中的萬幸可以迴避這一場家族慘劇。於是繼周瑜的兩個兒子之後，張昭的兩個兒子也都死了。

顧譚兄弟被流放到交州，顧譚在悲憤之中寫了一本書叫《新言》，其中有一篇〈知難〉的文章寫得很是悲傷。兩年後他也死了，時年四十二，比張家的哥兒多活了一歲。

至於他的弟弟張顧承，同樣死在了嶺南，年僅三十七歲。

顧、張兩大家族遭遇重創。顧雍的小孫子顧濟繼承了祖父的爵位，然而不久也死了，他沒有兒子。不過顧雍還有一個體弱多病的孫子顧裕，諷刺的是這個病孩居然是最長壽者，他一直活到了孫休時代，獲得平反、繼承了顧雍的侯爵之位。顧裕的兒子叫顧榮，顧榮的時代已經是東晉了，顧家到這時才顯現出復興的跡象來。

陸家也危險了，孫權接連派出欽差前往武昌責問陸伯言，聽說陸伯言氣病了，可見憤怒至極。

「可是我們得了什麼好處呢？這下子大概輪到孫霸當太子了。」潘夫人哀怨地說，他的兒子已經出生了，孫權賜名為亮。

「你沒有把我教的那些話對父皇說麼？」

「說了，他倒是蠻高興，然而只是高興罷了！」

大虎微笑不語，她指點潘夫人，讓她告訴孫權：「曾經夢見有神靈把一個龍頭送給自己，當時以膝蓋接受了龍頭，不久便生下了孫亮！」

然而孫權會被這種話打動麼？

大虎點頭：「當然，你只要別忘了我們之間的約定！」

所謂約定，就是孫亮長大之後，將迎娶全家的女兒為妻。雖然全琮沒有女兒，可是全琮的姪兒全尚卻有一個與孫亮年齡相當的女兒，大虎很喜歡這個女孩子，所以與潘夫人有此約定。

「耐心等候吧，這個天下將是我們的。」大虎洋洋得意。

「然而我們只是兩個女流之輩而已？」

「女流之輩又如何，沒聽說過呂后臨朝麼？」潘夫人大概沒讀過史書，完全不知道大虎說了些什麼。她困惑的表情令大虎大笑起來。

我哭豺狼笑！

陸伯言的確病倒了，但令他氣憤以至於病倒的並非欽差的無理斥責，而是皇帝的居心。

所謂兩宮之爭，現在看來要害並不在孫權更喜愛孫和還是孫霸，而是顧、陸、朱、張擁護誰？倘若當初陸伯言選擇了支持魯王，現在遭遇打擊的很可能就是孫霸一黨。

孫仲謀不是袁本初，更不是劉景升。袁本初與劉景升之所以會在立嗣問題上猶豫不決，的確是出於父愛的難以割捨，袁紹偏愛他的小兒子卻又不忍傷害自己的長子，劉表也是如此。然而孫權非優柔寡斷、溺愛兒子之人，選擇孫和還是孫霸做繼承人，對於孫權而言絕非難事。然而孫權之所以表現出遲疑的假象，無非是為了釣出背後的世家大族，也就是顧、陸、朱、張。

陸伯言想起韓非子曾有君幹臣枝之說，枝大本小，便砍伐枝葉。想必孫仲謀這是把顧、陸當做過於茂盛的枝葉來砍伐了。

然而所謂國家者，並不是一棵樹可以形容者！看來當時在石亭之戰慶功宴上陸伯言所吟之語，孫仲謀還是沒有明白啊！

天下非一人之天下，乃天下之天下也。

同天下之利者，則得天下；

擅天下之利者，則失天下。

太公望在一千年前的醒世之語，千年之後還是不被君王接受。把國家當做一棵樹、自居為樹幹的人，無非還是把天下當做了自家的私產。因為把天下當私產，才會時刻警惕臣下，常常想著把臣子當枝葉來砍伐。

嬴秦用韓非子的方法治國，結果二世就滅亡了。項羽把天下當做戰利品分配給他的部將以及他所偏愛的人，結果天下在他的手縫隙中輕滑而過。劉邦得到了天下，可是他也把天下當做自家私產，屠戮功臣的結果，是江山差點落在了呂氏的手中。

唯有漢文帝懂得了天下之義，他知道什麼是「同天下之利」！沒有人可以憑藉一人之力統治天下，所謂「英明神武」只是一個謊言而已。站立在國家最上位的那個人，不論是叫皇帝也罷、國王也罷，乃至千百年後的總統也罷，他都只是一個凡人而已，之所以看上去比別人更高大威武一些，只是因為他站在了高處。

漢文帝的時代被譽為「吏安其官，國樂其業」，誠然如此。有時候，皇帝是誰並不重要，對於國家、對於百姓而言，更為重要的是在皇帝和百姓之間的「吏」，也就是「士大夫」，千百年後則稱之為「公務員」。

無論何時，治理國家的都是這些「士大夫」，有人說皇帝當與士大夫共治天下，其實這是客氣話，實質上是士大夫治天下，皇帝只是「統」而已。

這就是「統而不治」，不但漢文帝，西漢在劉邦以後多是如此，蕭何、曹參為相之時，天下人都稱頌蕭、曹而不是皇帝，為何?因為皇帝只是「統」而士大夫才是「治」天下之人。

然而後世野心勃勃的天子卻總是想「既統又治」，於是皇帝與士大夫爭權，「砍伐枝葉」之說便喧囂日上了。然而屬於士大夫的權力，實際上卻是皇帝無法駕馭的。這就好比你是一列火車的列車長，但是你並不是火車司機，若是你一意孤行，非要把司機趕走自己來開，人人都會以為這是愚蠢之舉。

車長、司機、乘客，各安其坐，這便是太公望所說的「同天下之利者，則得天下」，因為車長、司機、乘客都有一個共同的利益，那就是一路順風。然而當列車長去搶司機的座位時，列車長固然自以為得意、過了把癮，可是司機卻失去了工作，乘客也失去了安全，於是列車長、司機、乘客的利益便不一致了，這就是「擅天下之利者，則失天下。」

如今孫權便是這個搶奪司機座位的車主，本來，東吳君臣的利益是一致的，孫權與顧、陸、朱、張各有各的職責，據江東以爭天下，孫權得到了皇帝的名分，顧陸朱張則得到了將相的職位，至於江東的百姓則安享東吳君臣和諧所帶來的國家安固。

雖然孫權從來沒有做到「同天下之利」(所以他也得不到天下)，可是他至少在當時做到了「同江東之利」，這也正是他能夠保有江東基業數十年的緣故。然而晚年的孫權卻打算獨「擅江東之利」，他決心把輔佐自己治理南國的顧陸朱張排斥出權力中心，從「統而不治」、與士大夫分享權力的限權君主成為「既統又治」的強勢君主。

從呂一事件到兩宮案，看似興風作浪者前有呂一、後有孫大虎，實際上他與她，都是在迎合孫權的意志，只不過順便為自己撈點好處而已。

時為赤烏八年春二月，上一任司機顧雍死後兩年，現任司機陸伯言也鬱鬱而終，東吳這列火車如今是在列車長孫權的親自駕駛下，它將駛向何方？它又能否順利行駛多久，乘客很慌張，實際上列車長孫權本人心裡也很慌張。

這一局權力的博弈，究竟誰是贏家？

104. 罪狀二十條

陸伯言的靈柩運抵建業是在這一年的春三月，二十歲的陸抗帶領著父親的部曲五千人浩浩蕩蕩地通過建業城的南郊，他的目的地是陸氏故里吳郡。

大臣們大多不敢去弔唁，因為懼怕孫權會遷怒。至於全、步、呂之家，更是因為兩宮案與陸伯言結怨而不可能前往弔唁。倒是有許多建業居民以及附近郡縣的吳人前來圍觀。

「這就是曾經擊敗了蜀漢和曹魏的陸丞相！」

「沒有陸丞相，江東說不定已經被蜀漢踏平了！」

「害死陸丞相之人，就是建業城裡的全子璜與那個母老虎！」

「小聲些，小心有校官（此處校官特指孫權的特務。）。」

「哼，我看大吳的國運也不會長久了！」

「看那馬上的青年便是陸丞相之子，也就是長沙桓王的外孫！」

「說起來，還是長沙桓王對江東的百姓好一些。當年他橫掃群寇，我們村裡人還帶著牛酒去犒勞軍士，想當年我才十幾歲，轉眼間五十年過去了。」

因為有陸家的五千部曲黑壓壓地掃過，那些圍觀之人不覺壯了膽，滿口胡說起來。可是不知不覺便有便衣的校官出沒，鎖定了目標，只待日後來抓人。

建業城頭，有一個老人趴在城樓上看了很久，直到最後一名陸氏部曲在地平線上消失才下了城樓。

「原來伯言真的死了，朕是該高興還是悲傷呢？」

建業城中本有一所陸氏的府邸，作為陸伯言和孫舒城入京所居。陸抗從吳郡返回之時，已是這年的夏季，他住進了建業的陸氏府邸。

當時的職位是建武校尉，因為東吳的法律嚴厲禁止三年之喪的習俗，陸抗必須脫下喪服，盡快回到自己的工作職位，按照慣例他還必須進宮向皇帝謝恩。

然而陸抗不曾進宮，宮裡的人卻一連來了好幾撥。第一撥是傳達聖意，讓陸抗在府中靜坐勿出，陸抗不出去，卻有人絡繹不絕地來，宮裡又來了第二撥：「禁絕賓客！」於是陸府儼然從前被孫權封住大門的張府，所差只是沒有糊上兩道牆而已。

「大概宮裡還會有第三撥人來！也罷，我在這裡等他們吧！」

陸抗冷眼瞧著大門，果然不一會又來了一撥中使。他們帶來了孫權的旨意，卻不宣讀，說是皇帝的意思，讓陸抗自己看。

中使將一個木匣子放在陸抗面前，這是一個普通的木匣子，從圖紋、材質都看不出有什麼特別。

陸抗打開匣子，發現裡面有幾份奏章，一一翻讀，陸抗不覺落淚：

「原來這就是逼死父親的罪名！」

奏章是魯王黨羽楊竺寫的，前後合計列舉的陸伯言之罪狀達二十件之多！

「嘉禾五年，與諸葛瑾北伐襄陽，畏敵而退，此其一……」

那一年孫權北伐，陸伯言與諸葛瑾會攻襄陽，陸伯言派親信韓扁與諸葛瑾聯繫，結果歸來途中遭遇敵軍，韓扁被俘，陸伯言的作戰計劃完全洩漏。諸葛瑾十分害怕，急於撤退。陸伯言卻很鎮定地監督部下在營地中種豆，弈棋、射箭遊戲照常舉行。諸葛瑾問如何應對，陸伯言笑著說：「敵人判斷我軍一定會撤退，如此一來他們便可出兵掩殺。所以我們雖然非撤不可，卻要撤得出其不意，才能全身而退！」他讓諸葛瑾統領水軍，自己則統率陸上人馬，大張旗鼓殺向襄陽城，曹魏軍素來敬畏陸伯言，當下大吃一驚，紛紛回城防守。諸葛瑾水軍於是乘機退走，至於陸伯言則從容向東迂迴，曹魏軍摸不透他的意圖，不敢動彈。數日後，陸伯言的軍團突然出現在江夏新市、安陸、石陽等地，多點襲擊之下，曹魏守軍更加驚慌不知所措。許多將吏選擇了棄魏降吳，陸伯言這才從容班師。

「嘉禾六年，朝廷募兵於鄱陽，陸議詆謗，以為無事生非，又從中沮之，此其二……」

那一年因為兵力不足，孫權派人去鄱陽郡徵兵，向陸伯言徵詢意見，陸伯言認為鄱陽本來就是多事之地、易動難安，強烈反對，並預言徵兵一定會失敗，更會引發叛亂。孫權不聽，派了一個姓周的中郎將在鄱陽強行徵兵、拉壯丁，結果果然引發了鄱陽的叛亂。叛軍殺了姓周的中郎將，整個江西為之騷動。最終還是陸伯言擊敗並招安了這支叛軍。

「大臣各陳便宜、欲興利改作，陸議又阻撓之，致事敗，此其三……」

當時孫權提出國庫不足，一些拍馬屁的臣子便提出推行所謂「財政改革」，主要內容是增設稅種，加重稅收來增加國庫收入。陸伯言反對，他說：「從來只聽說國強民富，國家當以民為本，強由民力、財由民出。唯有民富然後國強，從來沒聽說過民富而國弱、或者是民窮而國強！」阻止了增加稅種的所謂「財政改革」。

以下十七條，有的是說陸伯言對孫權有怨言，譬如說黃武五年，他給孫權上了一份奏章，勸孫權「施德緩刑」，潛臺詞是孫權「缺少德政、嚴苛濫刑！」陸伯言又說：「忠讜之言，不能極陳」，潛臺詞是孫權狂妄自大、聽不進不同意見。

有幾條則說陸伯言居功自傲，對孫權的決斷指手劃腳，譬如遼東事、夷洲事等；也有幾條說陸伯言結黨營私，譬如外甥顧譚、顧承等人都得到陸伯言的支持，所以仕途青雲直上。陸氏一族中，陸績做到郁林太守，陸伯言的族弟陸瑁一直做到選曹尚書（相當於後世的組織部長），族子陸凱則出任儋耳太守。

但這是荒謬之言，陸績之所以會去做郁林（今廣西貴港）太守，是因為他說話太過剛直，於是孫權將他遠放嶺南，這實際上是被排擠而不是提拔；至於陸凱出任儋耳太守，則是因為帶兵收復海南島的大將正是陸凱本人，所以這是軍功。陸瑁更是孫權親手提拔的選曹尚書！

最後幾條，乾脆把二宮之亂的起源栽贓到了陸伯言的頭上。譬如說他利用太子太傅吾粲打探二宮情況，又在幕後推動顧承等人，煽動太子與魯王之間的仇恨。

這就更是無稽之談，吾粲是主動寫信給陸伯言的，來往信件都在，可以為證。至於陸伯言幕後推動之說，則毫無證據，根本就是捕風捉影！

陸抗拿起刀筆，就楊竺的所謂「陸伯言罪狀二十條」逐一反駁，寫完之後，依舊封入木匣，請中使呈交給孫權。

木匣子又回到了孫權手中，有人說他打開木匣子，逐字逐句細看了陸抗的答覆；也有人說他根本就沒看，因為他的心中完全雪亮，所謂「陸伯言罪狀二十條」只是表面文章而已。無論如何，孫權下令解除了對陸府的禁令，陸抗回到了自己的駐地。

這個夏天，一個巨雷擊中了建業宮的門柱，有人說這是天人之憤，是上蒼在警告孫權。史書記載說：「八年春二月，丞相陸遜卒。夏，雷霆犯宮門柱，又擊南津大橋楹。」

陸遜這個名字正是在這一年浮出水面，孫權決定為死去的陸伯言改名，他的本名是「議」，但現在改名為「遜」！

「陸伯言太驕傲了，他要是更謙遜一些就好了！」

可是在北方的魏國以及西方的蜀漢，人們只知道東吳曾經有一位文武全才、忠於國事而遭猜忌、被逼死的陸議陸伯言。數年後孫權在建業集結兵力，揚言再次將要北伐。曹魏官員王基不屑一顧地說：

「陸遜已經死了，孫權年老，既沒有很好的接班人，也沒有出色的謀士。孫權親自出征吧怕後方空虛出現內亂；派遣大將出征吧又無人可用……」

王基的結論是孫權已經無法威脅曹魏，只是虛張聲勢而已。

說對了！

105. 異僧奇談

陸伯言死後兩年，西域僧人「康僧會」來到了東吳，他的奇裝異服與怪異言談引起了吳國有關部門的警惕，他們打報告給孫權說：

「有個胡人入境，自稱是沙門，容貌、服飾都很詭異……」

佛教最早傳入中國，大概是距孫權約兩百年之東漢明帝時代，當時明帝夜夢金人飛行殿庭，問於群臣，某大臣說：「西方有個大聖人，其名曰佛，陛下所夢恐怕就是他。」明帝遣使臣前往西域，半道上遇見了兩個僧人，得佛像經卷，用白馬馱著回到洛陽。於是漢明帝建造了白馬寺，佛教由此傳入中國。

然而一直以來，僧人多在北方活動，江東人不知有佛，孫權接管江東前七年，笮融曾經在徐州奉佛，他花巨資在下邳修造浮屠寺，興辦浴佛大會，又在路旁陳設酒飯，引來大批佛教徒、食客與旁觀者。但這樣的熱鬧，只發生在江北，與江東無關。

孫權曾經見過一個叫支謙的胡僧，他覺得和這些來自異域的傢伙說話甚是有趣。於是他產生了見一見康僧會的念頭。

「僧人從何處而來？」

「康居國。」

「佛也在康居國麼？」

「不，佛在天竺國。」

「你是康居國人，為何祭拜天竺國的佛？」

「佛雖然生在天竺，但佛法無邊，凡有佛心者，皆可拜佛！」

據說康僧會本是康居國丞相的兒子，看破紅塵，出家當了和尚，四處遊走、弘揚佛法。這種視權力富貴如糞土的理念，實在很令孫權思索不透。

在孫權看來：人為財死、鳥為食亡，人的一生無非是追逐名利權位而已。佛有何等神妙，居然令此人放棄了權力、地位、祖國、親情，義無反顧地奔走未知的國度，唯一目的只是為了弘揚所謂佛法。

「僧人有什麼靈驗法術麼？」孫權大概把和尚等同於巫師了。

傳說中康僧會花了三七二十一天請了一顆舍利子，打開之時，舍利子光焰奪目，又堅硬無比，衝碎銅盤，孫權大吃一驚。又把舍利放在鐵砧上，讓大力士用鐵錘猛砸，居然也是無所損傷。

「當年阿育王有八萬四千佛舍利，一夜造成八萬四千寶塔，萬國稱頌！」康僧會的重點是想讓孫權出資為他造一座寺廟，然而孫權卻對他所提到的「阿育王」發生了興趣。

「阿育王是何等君王？」

「阿育王起初可以說是屠殺之王！」

阿育王是印度孔雀王朝第三任國王，他的登基便以一場大屠殺拉開序幕。傳說中他殺死了99個兄弟之後才坐穩了寶座，即位後也不改凶殘本性，他曾挑選最暴虐的酷吏殘害百姓，國土幾乎成了「人間地獄」。

此後阿育王不斷發動戰爭企圖獨霸南亞次大陸。規模最大的一次是西元前261年遠征羯陵伽國之戰，十萬人在此役中喪生，十五萬人被擄為奴隸。然而這一戰也是阿育王統一印度的代表性戰役。

「如此看來，阿育王乃是秦始皇一類的君王！」漢人一般都憎惡秦朝，但孫權並不討厭秦始皇，他認為秦始皇至少是一位雄才偉略的君主，至於血腥殘殺與高壓暴政，孫權以為那是強勢君主為了天下安定的必然之舉、無可厚非。事實上也正是孫仲謀的這一種心態，造成了東吳的「苛政」，也最終導致了孫權與陸遜的翻臉。

然而也就是在羯陵伽國之戰，阿育王被血流成河、屍積如山的場面所震撼，在那一刻，他的心海中掀起了巨大的波瀾，用佛教的說法，阿育王被權欲所遮蓋的佛性終於甦醒了、爆發了，他以佛教為國教，從此在印度休戰。

阿育王宣布他將不再主動發動戰爭，並下令將他的詔令和「正法」的精神刻在崖壁和石柱上，成為著名的阿育王摩崖法敕和阿育王石柱法敕。

這個情節曲折的異國故事深深地打動了孫權的鐵石心腸。

一直以來，孫仲謀的心中只有一個「我」字，為了「我」的權力欲望，他可以犧牲妹妹孫尚香的婚姻幸福，也可以毫不猶豫地逼死陸伯言，無論是誰都必須圍繞著孫權這個「我」，為了孫權的權力欲望，百姓必須忍耐繁重的勞役與苛捐雜稅，官吏大臣們必須忍耐細碎苛刻的法令條文，這一切都冠以「大義」這個冠冕堂皇的名字！

孫權一直以為這沒有錯，苛待百姓是為了「大義」，猜忌大臣也是為了「大義」，甚至刻薄對待孫策的後代也是為了「大義」，然而如今在阿育王的故事中，他卻聽到了「君臣大義」之外的東西……

難道這就是孔夫子所言的「仁」？

數十年來果斷無遲疑的東吳大帝孫仲謀在這一刻困惑了，六十多歲的他回顧人生，平生第一次感覺自己罪孽深重……

兄長孫策把江東給了他，然而他卻猜忌自己的姪兒孫紹，刻薄寡恩地對待大喬母子……

妹妹孫尚香為了他犧牲了自己的婚姻幸福，然而他卻從不曾為她考慮，也沒有為她彌補過什麼……

從他接管江東的第一天起，張昭就成為他堅強的後盾，數十年來這位老夫子一直把孫權當做自己的兒子一般，然而孫權卻在羽翼豐滿之後將他視為可憎的老頭子，甚至用泥封住了張府的大門……

從江夏復仇到赤壁之戰，周公瑾始終是他的強心骨，如果沒有周瑜，也許就沒有孫權的帝王大業。然而他卻毫不猶豫地苛待他的子孫，致使周瑜斷後……

從臨危之際指揮夷陵之戰到官拜丞相，陸伯言從未改變他的坦誠之心，他從未說過一句阿諛之辭，也不曾為官位而口是心非，而是苦口婆心地反覆勸說，他曾是孫仲謀的益友，然而孫仲謀卻無端地猜忌他、最終逼死了他……

孫權突然感到劇烈的心痛，彷彿是一直以來潛伏在心中的傷痛一下子裂開了一般。

然而，裂開的不僅僅是孫權的心，隨著二宮之亂的權力爭奪與陸遜的死，後宮固然雞犬不寧、整個東吳帝國也是一團亂麻！孫權費盡心機凝聚起來的江東人心已經在慘烈的內耗中撕開了一個大口子，難以再縫合。

106. 夕陽殺機

孫權心情沉重地望著窗外一棵老樹，那樹曾經飽經風霜，而今衰老敗落，就連與這樹共生的藤枝也枯黃凋謝，更飛來一隻面目可憎的老鴉，神情古怪地與孫權對視。

千年之後，元人馬致遠面對此情此景，寫下了如此千古絕句：

枯藤老樹昏鴉，小橋流水人家，古道西風瘦馬。夕陽西下，斷腸人在天涯。

孫權不是詩人，沒有那麼多愁善感，可是此刻他的心裡也很是不痛快。

陸遜死後兩年，全琮也死了。接著是替代陸遜做丞相的步騭，兩位重臣接踵而亡，孫權手頭幾乎是無人可用，民間更是議論紛紛：

「最積極反對陸公的兩員大將都煙消雲散了咧，這難道就是所謂天意！」

「種如是因，得如是果，這就是佛經中所謂的因果……」因為康僧會的關係，孫權下令修建了東吳第一座寺廟建初寺，信徒漸廣。這些信徒很自然地用佛教理論來詮釋現實。

到了赤烏十二年的春天，最後一員名將朱然也走到了生命的盡頭，也許是看透了世態炎涼與權勢之爭的齷齪，這位孫權的老同學在兩宮之爭中保持中立、一語不發，這種明哲保身的態度倒是為他贏得了孫權的尊重。當朱然的病情日漸嚴重之時，孫權為之寢食難安。探望朱然病情的中使來往不絕、相望於道。

《三國志》記載說：「自創業功臣疾病，權意之所鍾，呂蒙、凌統最重，（朱）然其次矣。」

然而朱然還是在這年的三月病逝。

「陛下，此事不宜再拖了！」

侍中孫峻小心翼翼地提醒孫權，他是孫堅弟弟孫靜的曾孫子，有流言說全琮死後，他成了大虎的情夫，無論在床第還是殿閣，如今他都是大虎的最佳搭檔（但這也只是傳說而已）。

孫峻提醒孫權「不宜再拖之事」便是兩宮之爭的最終判決，雖然太子與魯王兩派的重臣都先後物故，但是究竟是孫和還是孫霸擔任皇儲，孫權始終沒有做出最後的決斷。

無論如何，先廢黜孫和再說！

孫權站在建業宮的白爵觀陽臺上，遠遠看見黑壓壓的人群跪坐在大殿前的空地上，他們是大小官員以及建業城內外的軍將，在孫小虎的丈夫驃騎將軍、代理丞相朱據的帶領下自行捆綁雙手、靜坐以勸阻孫仲謀。

「陸公已經去世，就讓我等繼承他的忠義來守護太子、守護江東！」

然而，這種沉默的勸諫在孫權看來無異於公開地示威、挑戰他的皇帝權威，他被徹底激怒了，以至於完全喪失理性。

「朕看你們是活膩味了，沒事找事！」

皇帝狂怒之下，一班羽林軍如狼似虎般驅趕群臣，領頭的駙馬爺朱據被用繩索套住脖子，如同牽狗一般拉扯到了孫權的面前。

「子範[05]，你知錯麼？」

看在小虎的面子上，倘然朱據低頭認錯，孫權也許會放他一條生路、從輕發落吧！然而和當年的朱桓一般倔強的朱據卻堅持自己的意見，拒絕認錯。

「臣無錯，倒是陛下不可一錯再錯！」

孫權氣得眼珠子都要瞪出來了，當堂一百軍棍，在大殿上將當朝駙馬、驃騎將軍、代理丞相朱據打得頭破血流、體無完膚，然後一紙詔書，貶到新都郡（今浙江淳安）去做郡丞。走到途中，追加一道詔書：賜死！

事情既然到了這個地步，孫權也就再也沒有什麼可掩飾的，他正式下詔廢黜太子孫和，

[05] 朱據字子範。

貶為平民，讓這個忤逆的兒子與他的老婆、張昭的孫女去故鄣（今浙江安吉）居住。

「如此一來，該冊立魯王做太子了吧！」全寄、楊竺一黨興奮莫名。

然而，殺戮遠未結束，孫權派出禁軍包圍了魯王的府第，「你這個誹謗兄長的畜生，有何面目存活於世？」

詔書居然是勒令孫霸自殺，真是難以置信！然而要死的人可不止孫霸一個，當初奉承孫權、編造了陸遜罪狀二十條的楊竺被禁軍亂刀劈死，將屍首拋入長江餵魚。全寄一眾也難逃羅網，悉數送上刑場斬首示眾。

「這樣一來，大家都該滿意了！」

至於太子之位，屬於孫權的第七子、當時年僅八歲的孫亮。接著，冊封孫亮的母親潘夫人為東吳第一任皇后。

在此期間，曹魏入侵，在江陵附近大破吳將朱績（朱然的兒子，此時東吳已無良將）。

「一切皆在公主的意料之中呢！」如願以償戴上鳳冠、母儀天下的潘皇后如今對孫大虎是敬佩得五體投地，「可惜全寄也被殺了……」

「那小子與我何干！」全寄是全琮前妻所生，據言後母孫大虎對這個兒子很好，可是這個孫大虎如今卻沒有一絲悲戚的神情。

「最妙的是孫和、孫霸兩個混小子，一個丟了太子之位、一個命喪九泉，他們的老孃泉下有知，一定會氣得七竅生煙，哈哈……」

「小虎那丫頭也得瑟不成了，呵呵，她的好駟馬如今已成斷頭鬼！」

慘淡月光下寂靜的宮廷，潘皇后不覺看了孫大虎一眼，她那張豔麗而陰晦的臉實在是讓人不寒而慄，潘皇后下意識地低頭沉思：

連親生妹妹都在嫉恨之列，這個女人是魔鬼麼？

107. 帝夢黃昏

眼前的年輕人好像孫伯符，又好像陸伯言，他是凝聚了雲間陸氏與富春孫氏精華的造化之子，若是我兒孫登還在，他們兩個會是孫郎與周郎一般的默契君臣吧！然而我兒孫登去了何處呢？

「陛下！」

孫權從自己的幻想中驚醒，眼前的年輕人是陸遜獨子、孫策外甥陸抗，他如今的職位是立節中郎將、駐守柴桑，這一次回京養病、病癒即將返回柴桑之際，覲見孫權辭行。

不知為何，孫權一見到陸抗，他的眼中便一下子湧出了眼淚，所謂老淚縱橫正是此刻孫權的形象寫照。以至於陸抗以及在場的侍從們都驚訝地看著老皇帝。

「幼節啊……」

「陛下，臣在！」

「幼節，朕昨夜夢見了你的父親……」

「陛下是說臣父麼，他……」

「在夢中，朕對你的父親認錯了！」

「什麼，陛下認錯……」

儘管少年老成，可是聽了這樣的話，誰又能不愕然。陸抗疑惑地看著孫權，似乎他的話是真的，情緒激動的孫權甚至用手拍打著龍椅嚎啕起來。

皇帝在夢中向我的父親認錯了麼？

陸抗不禁也落淚了。

關於此事，陳壽在《三國志·吳書》記載說：

太元元年，（陸抗）就都治病。病差當還。權涕泣與別，謂曰：「吾前聽用讒言，與汝父大義不篤，以此負汝。前後所問，一焚滅之，莫令人見也。」

孫權下令將此前責難陸伯言的所有材料全部焚毀以表示自己的懺悔之意（然而也因為此，整個事件的前因後果也就含糊不清）。

為陸伯言平反意味著對陸氏家族的撥亂反正，除了陸抗本人日後成為東吳大將之外，陸遜的子姪輩陸續得到重用。稍早之前，曾因為受到太子孫和禮遇而牽扯進兩宮案的族子陸胤出任交州刺史、安南校尉，平定了兩廣及越南的叛亂。陸胤的哥哥陸凱擔任儋耳太守，平定了海南島，後來一直做到丞相。整個東吳王朝，陸氏一門出現了「二相五侯將軍十餘人」，其旁系苗裔一直延續到唐代還有拜相入閣之人，此乃後話。

「你是說皇帝後悔了麼！」

回到私宅，陸抗向母親孫舒城稟告了此事。

「雖然他是皇帝，又是我的叔父，然而我是陸伯言的妻子……」孫舒城停頓了許久，毅然說道，「我不能諒解他逼死了我的陸伯言！」

孫舒城無法忘卻丈夫含恨而死的情景，無法忘卻陸伯言的手在自己的緊握中漸漸失去溫度、變得冰涼……

陸伯言臨終之際，對著自己的兒子唸叨了他最喜愛的太公望之言：

天下非一人之天下，乃天下之天下也。
同天下之利者，則得天下；
擅天下之利者，則失天下。

然而對於孫舒城而言，她不想什麼天下，誰要得天下就去得吧，我只要我的陸伯言平安無事！陸伯言便是她的天下。

「對於吳國而言，他是戰無不勝的上大將軍、是忠於國事的丞相，對你而言，他是嚴厲而慈愛的父親，然而對我而言，他就是我的陸伯言……我不能忘懷、更不能諒解，是他為了自己的一己私欲奪走了我的陸伯言！」

(陸伯言終究是屬於我一個人的，你們把他的名字改成了陸遜，可是在我心中沒有陸遜，只有陸議陸伯言，那個握著我的手臂，將彼此的鮮血一起流淌在祭器中的男子)

孫舒城的手劇烈地顫抖起來，當時她是如此緊握他的手，她不願意讓他走，可是……

陸抗上前擁住激動的母親，母子二人抱頭痛哭起來。

這年的冬天，祭天回宮的孫權突然中風了。

「把子孝[06]叫回來吧！」

然而包圍在孫權身邊的卻是孫大虎、孫峻與孫弘，他們又怎能坐視孫和回來呢？孫大虎說：「父皇，孫和被流放之後，在故鄣口出怨言，我恐怕叫他回來只能讓您生氣而已！」

最後孫權也未能再見到孫和，不久他便癱瘓了，關於國事，他唯有託付給諸葛瑾的兒子諸葛恪。

「除了生殺大事以外，一切由諸葛恪處置！」

然而不久，宮廷卻傳出了孫亮的母親潘皇后遇害的消息，據說她聽說孫權病危，曾向孫弘詢問當年呂雉臨朝之事，大概是想在孫權死後以女主姿態主政吧！結果她被自己的奴婢給勒死了，原因是她脾氣暴躁，一貫虐待下人。

然而另一種解釋的版本卻是：大吳還有另一個女主，所謂一山不容二虎，這個女主才是吳國真正的主宰，為了防止潘皇后將來利用兒子孫亮爭權，她先下手為強，藉手奴婢除去了

[06] 孫和字子孝。

自己的競爭對手。

這個女主是誰呢？不言而喻。

太元二年（252）的夏天，孫權終於到了彌留之際，爭權鬥利在繼續，關係不睦的中書令孫弘與首輔諸葛恪磨刀霍霍，而孫權卻已無心於此，他召來了康僧會：「子曰未知生，焉知死！和尚可知死後之事麼？」

「佛有六道輪迴之說。」

「呵呵，還真有一套說辭麼，姑且講來聽聽罷！」

「所謂六道者，一為天道，二為修羅道，三為人間道，四為畜道，五為鬼道，六為地獄道。所謂輪迴者，是描述其情狀，去來往復，有如車輪迴旋，在這六道中周而復始，無有不遍，故名六道輪迴。」

孫權像個求知兒童般歪著腦袋津津有味地聽著康僧會的講解，時而發表一、兩句的感嘆：「真是有趣啊，人之不善，死後墮落地獄、餓鬼、畜生之三惡道。行善則生天界及人界。雖然修善到了天界，一朝墮落，依舊輪迴！」

康僧會點頭，進一步解說：「世間眾生無不在輪迴之中。只有佛、菩薩、羅漢才能夠跳出三界，不入輪迴。」

說到這裡孫權黯淡已久的眼神忽然亮了起來：「和尚，你說說朕死之後，將會墮於哪一道？」

死之將至的孫權提出這個問題並不突然，康僧會大概早有所考慮，若是爽快地回答天界大概會被認為是隨口地奉承，而若無情地說出三惡道大概當場孫權就會讓康僧會的腦袋先落地，然而康僧會自有他的回答，只是四個字而已：「因緣果報！」

孫權困惑地看著康僧會，但和尚沉默不語，難堪的寂靜持續了許久，內侍揮了揮手，康僧會明白，這是讓他離開。

康僧會暗自鬆了一口氣，然而當他走出大殿之時，一隊全副武裝的士兵向他這個方向跑來，和尚心中一緊，他雙手合十、默默念佛。

「要被斬首了麼？」

然而士兵從他面前過去了，康僧會並不知曉，這其實是諸葛恪派去逮捕中書令孫弘的軍士，孫權已經對外面的局勢完全失去了控制力，事實上康僧會離開之後片刻他便進入了最後的夢境。

這是孫權的故鄉富春麼？風煙俱淨，天山共色。從流飄蕩，任意東西。水皆縹碧，千丈見底。游魚細石，直視無礙。急湍甚箭，猛浪若奔。

竹筏自富春江的上游疾馳而下，筏上三人皆英氣俊朗，那面目又頗有幾分相熟。再近些，孫權看清了他們的面目，不由詫異地大叫：「兄長……還有公瑾和伯言，你們都來了……」

孫權在夢境中囈語，此刻他的榻前，分明是幼子孫亮，可是他卻彷彿看見了大哥孫伯符與周瑜、陸遜等人。

「上來吧，二弟！」孫伯符在筏上親切而溫和地說，公瑾和伯言亦向他微笑招手。

「兄長……」

孫權的喉嚨深處發出低低的嗚咽聲，四十多年沒有人叫他「二弟」了，他踴躍著奔向水中，縱身一躍上竹筏，然而竹筏卻從他的面前輕輕滑過……

孫權大喝一聲，突然圓睜雙目，從病榻上坐起，空洞的眼神望著無垠的遠處，孫亮抱住了老父，喊著父皇，然而他似乎完全沒有反應。

「仲謀，來吧！」

大哥伸出有力的臂膀一把將孫權拉到了竹筏之上，多少年過去了，大哥的臂膀依然如山岩一般堅強，孫權彷彿又成了那個大哥的跟屁蟲，和大哥一起坐在竹筏上順流而下，孫權似乎又回到了無憂無慮的童年，好讓人懷念的年代，什麼皇帝寶座、江山社稷，孫仲謀再也不必為這些無聊之物煩惱了……

孫亮詫異地看見父皇的嘴角露出一絲溫暖的微笑，然而他的肢體卻漸漸地僵硬冷卻了，御醫悲痛地宣告說：「皇帝駕崩了！」

時為吳大帝神鳳元年（西元 252 年）的農曆四月，有人想起當年孫策在病榻前傳位給孫權也是在四月，整整五十二年過去了，時間真是奇妙的東西啊，它把稚嫩的少年磨練成了老練的成年人，把群雄的廝殺之聲匯聚成了天下三分的對峙之形，如今這一切都化為無形了，就好像從未發生過這些事。

※　※　※

一千八百多年後的炎熱夏天，這塊曾以江東之名而炙熱的土地上，司馬路在吱吱呀呀的風扇面前寫下了這些文字，當他推開居室的房門，撲面而來的是熾熱的南國夏日之風，這便是自古以來一直吹拂在這塊土地上的吳國之風。

想到便是這樣的風，當年也曾吹拂在孫仲謀與陸伯言的臉上，司馬路走出房門，置身於室外，感覺自己的每一個毛孔都舒展開來，沐浴在這幽古之風中。

不知不覺間，有大滴的水珠落在司馬路的頭上。這也是曠古以來的曾經滴落在周瑜和小喬頭上的江東之雨麼？

然而並沒有雨，司馬路抬頭，嘿，原來是某人家冷氣的冷凝水從空中像雨滴一樣落下，灑了司馬路一身。

頓時思古之情全無，回去沖個涼、洗洗睡！

（全書完）

司馬路（陸建國）

附錄

人物關係圖

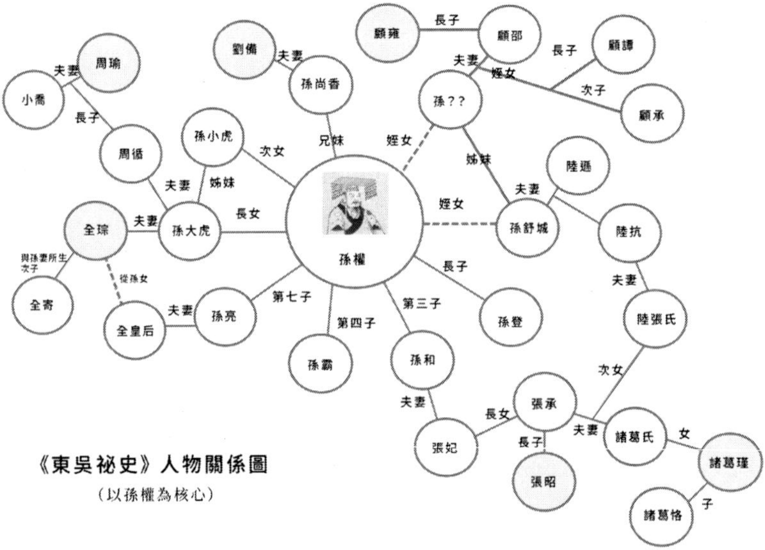

《東吳祕史》人物關係圖

（以孫權為核心）

《東吳祕史》大事記

年代：西元	年代：中國帝王年號	東吳大事件	其他
182	東漢靈帝光和五年	孫權出生於富春縣	
192	初平三年	孫堅戰死於峴山	孫權11歲
200	東漢獻帝建安五年	孫策遇刺，孫權臨危受命	孫權19歲；官渡之戰
203	建安八年	孫權第一次攻打黃祖	孫權22歲
204	建安九年	孫翊遇害	孫權23歲
207	建安十二年	孫權第二次攻打黃祖；母親吳氏去世	孫權26歲；劉備三顧茅廬
208	建安十三年	孫權第三次攻打黃祖；赤壁之戰	孫權27歲
209	建安十四年	孫劉聯姻；孫登出生	孫權28歲

年代		東吳大事件	其他
西元	中國帝王年號		
210	建安十五年	周瑜英年早逝；魯肅借荊州給劉備，埋下禍端	孫權29歲
211	建安十六年	孫尚香回到江東	孫權30歲；劉備西入益州
215	建安二十年	孫劉湘南起衝突；孫曹逍遙津大戰，孫權險些被俘	孫權34歲
217	建安二十二年	魯肅去世	孫權36歲
219	建安二十四年	呂蒙奇襲荊州，殺關羽	劉備自稱漢中王
220	魏文帝 黃初元年		曹丕篡漢
221	黃初二年		孫權40歲；劉備稱帝
222	吳王黃武元年	夷陵之戰	

年代		東吳大事件	其他
西元	中國帝王年號		
223	黃武二年	曹丕入侵	劉備崩於白帝城
224	黃武三年	吳蜀恢復邦交；孫和出生	
225	黃武四年	曹丕連年伐吳，徒勞無功	
228	黃武七年	周魴詐降；石亭之戰	曹休病死；諸葛亮二次北伐
229	東吳大帝黃龍元年	孫權稱帝	
230	黃龍二年	派衛溫、諸葛直浮海求夷洲、亶洲；隱蕃間諜案	
231	黃龍三年	遣將軍周賀、校尉裴潛赴遼東買馬	孫權50歲
233	嘉禾二年	遣張彌、許宴赴遼東封公孫淵為燕王，被殺，孫權暴怒	

年代		東吳大事件	其他
西元	中國帝王年號		
236	嘉禾五年	張昭去世	孫權55歲
238	赤烏元年	呂壹因朱據案被殺	
239	赤烏二年	周瑜之子周胤被流放；潘濬去世	
241	赤烏四年	孫登去世；全琮芍陂之戰	孫權60歲
242	赤烏五年	立孫和為太子，兩宮之爭拉開序幕	
243	赤烏六年	孫亮出生；顧雍去世	
244	赤烏七年	陸遜拜相，但無實權	
245	赤烏八年	陸遜死於兩宮案，孫權大開殺戒	孫權64歲
247	赤烏十年	全琮、步騭相繼去世	

年代		東吳大事件	其他
西元	中國帝王年號		
250	赤烏十三年	孫權廢孫和、殺孫霸、立孫亮	
251	赤烏十四年 太元元年	陸抗進京，孫權悔殺陸遜，又感懷孫和無罪，遂病倒	
252	太元二年 神鳳元年	孫權病死於建業	孫權71歲

電子書購買　　爽讀 APP

國家圖書館出版品預行編目資料

東吳帝國——君臣權謀：東吳盛衰五十年 / 司馬路 著 . -- 第一版 . -- 臺北市：複刻文化事業有限公司 , 2025.04
面；　公分
POD 版
ISBN 978-626-428-081-5(平裝)
1.CST: 三國史 2.CST: 通俗史話
622.3　　　　114004005

東吳帝國——君臣權謀：東吳盛衰五十年

臉書

作　　者：司馬路
發 行 人：黃振庭
出 版 者：複刻文化事業有限公司
發 行 者：崧燁文化事業有限公司
E-mail：sonbookservice@gmail.com
粉 絲 頁：https://www.facebook.com/sonbookss/
網　　址：https://sonbook.net/
地　　址：台北市中正區重慶南路一段 61 號 8 樓
8F., No.61, Sec. 1, Chongqing S. Rd., Zhongzheng Dist., Taipei City 100, Taiwan
電　　話：(02) 2370-3310　　　　傳　　真：(02) 2388-1990
印　　刷：京峯數位服務有限公司
律師顧問：廣華律師事務所 張珮琦律師

定　　價：350 元
發行日期：2025 年 04 月第一版
◎本書以 POD 印製